# EDICIÓN ESPECIAL



Portada: fotografía de Hugo Baronti
"El hombre del bastón" Valle de Elqui, 2001.

# DEDICATORIA

Un especial agradecimiento a:

Rosana Cassigoli, Veronica Venegas Gutierrez, Nelly Del Pilar, Marcelo Monsalves Muñoz, Evelyn Mierzejewski Fernández, María Verónica Lefebre Lever LibreyFeliz, Claudio Ramírez Melgarejo, Maria Esperanza Robles, Rafael Ramos Rojas, Verónica Reyes Pilser, Wenu Ray, Patricio Aranda, Maria Estefar, Gonzalo Bizama, Felipe Betancourt, Daniel Char Vivanco, Elisa Sepulveda Muñoz, Varinia González Berrios, Maria Graciela Pinto, Georgina Aranguiz, Miriam Mège Báez, Camilo Barbosa, Pauline Ammy Jenkin Solervicens, Yacmary Araujo, Juan Carlos Mege, Monica Agustina Marchant Diaz, Luis Flores Iturrieta, Alejandro Hernández Lemus, Maria Veronica Rocco Quezada, Canela M. Godoy Vargas, Victor Ordenes Urrutia, Carmen Soria, Adrián Prado Castro, Francisco Martinez, Ma Fe R, Rosa Simões, Gilda Salazar, Azu Ulloa, Rebeca Josefina Bravo Araya, Romina Tumini, Maria Carolina Contardo Ulloa, Gladys Delgado Guadal, Maritza Farias Soto, Lili Cruz, Carlos González, Rodrigo Testa La Nave Turkojets, Juan Gómez Valdebenito, Lucy Gómez, Axel Pickett, Yanesita Ninas, Maria Fernanda, Alejandro Valenzuela B, Danilo Antonio Monteverde Reyes, La Región De Los Libros Frutilla, Nicolas Moreno Olavarria, Flavio Baronti, Gonzalo Harrard, Ronald Gallardo Duarht Calle Magnolia, Marcela Guzman Barton, Alejandro Enrique Gonzalez Rosales, Juan Ignacio Naudón Diaz, Marcelo Urra, Nico Schulz, Marisol Castillo, Valentina Bruna, Pablo Vuskovic, Daniela Lillo Traverso, Marisol Carrillo, Elena Cormatches, Eduardo Arriagada, Elisa Cristina Packard Villagra, Paola Rodriguez, Ivan Miranda, Soraya Olivo Pinto, Adela Marticha Quiñileo, Enrique Herrera Nova, Lucia Duran Riquelme, Ricardo Bustos, Patricio Baronti Correa, Lobsang Palacios, Patricia Guzmán Mahan, Cesar Alexis Espinosa Espinoza, Monica Viveros Carrasco, Gemviolet Espinosa, Ramón Solis, Maria Soledad Navarro Llanten, Octavio Gallardo, Caminante Paz, Lys Crux, Rodrigo Parra Vera, Yanko Rosenmann, Paola Abatte Herrera, Rodrigo Loyola A., Paulina Rocha Cáceres, Raúl Osorio Pérez, Carlos Smiths, Nora Buzeta, Selva Rodríguez, Maria Jose Avendaño Garcia-Huidobro, Pedro Leiva Vargas, Luis Alberto Moscoso Pavez, Anita Meneses, Luis Humberto Orostica Medina, Margarita Vargas, Anar Mando Castillo, Pilar Palacios, Cristina Avila Ramirez, Roberto UVenegas, Francisco Córdova Echeverria, Silvana Duve Salinas, Patricia Alejandra Ulloa Sepulveda, Mercedes Rojas, Marta Rodriguez, Marcela Perez, Katina Aura, Suhe Susana, Maria Catalina Olavarría Schellhorn, Fernanda Lizana Abara, Rob Cartwright, Maria Rojas Cortes, Alicia Muñoz Saldivia, Yuyo Yuyito Nomas, Victoria Guerra Reyes, Diego Durán Vial, Alejandra Faúndez, Adrian Eugenio Salgado Castillo, Margarita Valenzuela Muñoz, Alejandra Cunningham, Marcial Muñoz, Juan Pizarro, Jhordana Aguirre, Roberto Perez C., Bruno Sommer Catalán, José Luis Guichard Salomón, Francesca Poggi, Roberta Requena, Carola De Jesús Pizarro-Araya, Claudia Andrea Molina, Michelle Diana Parra Ibacache, Carmen Rodriguez, Maryalba Vivenes, Eduardo Reyes Cerda, Jaz Araya, Enrique Monsalves, Marco Antonio Ensiguia Zapata, Nena Araya, Luisa Nillan, Tatyana Cumsille, Katoru Henao, Óscar Antonio Pérez Garviso, Margarita Pezoa Camus, Mirka Arriagada Vladilo, Efren Osorio, Rayen Taborga, Chalo Barria, Dante Ninno, Paola Ruiz, Thamar Álvarez Vega, Maria Eugenia Elizalde Soto, Julieta Diaz Pérez, Raul Navia, Eduardo Aranda Abarca, Elías Miranda, Elena Varela, Amado Honores, Sol Carrasco Silván, Jaime Donoso, Marjorie Duff, Cristian Biron, Alejandro Montiglio, Nelson Fdo Valencia Q, Ylich Carrasco, Eliana Ximena Orellana Maturana, Cristina Segarra, Dánica Yaksic, Arellys Danzayteatro DelAlma, Pamela Vargas, Vladimir Vlady Pavez, Francisco Gajardo Banegas, Sol Gajardo, Jorge Angel Hdez, Karina Allpamama, Soledad Gonzalez, Ximena Romero, Jessica Lopez Cruz, Marina Arrate Palma, Chelo Riestra, Rafael Luis Muñoz Urrutia, Aldo Felipe Bruzzone Elgueda, Lorena Vergara, Maramar Reartigas, Patricio Hernán González Moreno, Tatiana Puebla Nuñez, Roberto Arriagada, Rodrigo Mar Cebanova, Rodrigo Peralta, Macarena Anastasiadis Callis, Lau Getzel, Larisa Bernardo Saavedra, Alejandro Neira Alvarado, Marcelo Ayala, Marjorie Cerda, Hugo Moraga, Carla Alvarez, Victoria Martina Araya González, Jocelyn Maldonado, Jorge Gustavo, Vlyn Pirc Ry Zñg, Rosario González Vera, Ana Peña A, Paola Libertad, Candelaria Acuncia, Evita Paraiso, Juan Flores, Karla Daniza González Cortes, Pancho Rojas, Lilian Arena, Rina Pellizzari, Felipe Toledo, Lorena Umaña Reyes, Bideoteco Franklin Yungay, Namsohj Ozarazil, Nikox Illanes, Janett Guerra Aburto, Eliana Townsend, Martha Campo Millán, Marcela Leiva, Pancho Luque, Christian Vega, Gravbern Livingston Forbes, Yasmin Angel, Kurt Rivera Poblete, Kat Butowski, Paula Monares Guajardo, Veronica Ines Ramirez Rivera, Maria Cecilia Ubilla Brenni, Roberto Córdova, Carola Izaga, Alvarez Gonzalez Luis Alfredo, Karen Macaya Nuñez, Maria Victoria Medina Viveros, M.Patricia Rodriguez Toledo, J.P. Sánchez, Sebastián Drago, Diage Doce, Mónica García Cuadra, Aleksxander Buitrago, Omar Del Valle Asturillo, Jose Luis Valdés, Mary Baez Suanez, Francisca Valenzuela Urrea, Vivian Alejandra Espinoza Ojeda, Hugo Basulto, Anita Meneses Rosales, Rosa Ana Urrutia Mundaca, Rosa Ana Urrutia Mundaca

Soy araucaria en llamas
soy glaciar de Los Andes
soy iceberg desprendido
soy toro en la corrida
soy ave en tiempo de caza
soy refugio en Lugansk
soy brazos en Gaza
soy niño en Siria
soy dolor yemení
soy 43 de Ayotzinapa
soy favela de Brasil
soy desahuciado griego
soy sin casa de España
soy occupy Wall Street
soy negro de Ferguson
soy Mapuche
estudiante
jubilado de AFP
Soy mujer
Latinoamérica
Soy Sur
Soy Pueblo

Soy muerte antes de tiempo
y resurrección

Soy pura vida
Resistiendo.

PARTE DE GUERRA XXVI


Aquí, reportándonos desde algún lugar
de la cordillera Pehuenche.
Somos el último destacamento
del ejército jamás ganador
nunca victorioso.
No tenemos ni una sola felicitación,
premio, condecoración o medalla.
Hemos perdido hasta la esperanza.
Todos los demás ganaron alguna batalla
Por eso es que somos
el mejor ejército del mundo.

Ya no tenemos municiones
aún así seguimos, disparando poesía.
Nos han matado miles de veces
aún así, seguimos
hasta que no quede ninguno de nosotros.
Sabemos que - uno a uno - iremos cayendo
antes de alcanzar cualquier victoria.
Lo curioso es
que en nuestras filas nunca tuvimos desertores.
Por eso es que somos
el mejor ejército del mundo.

CON TODO RESPETO

Disculpen. Con todo respeto.
No es mi intención incomodar.
Pero no acostumbro a cambiar de bando.
Ni a cambiar de equipo.
No me doy vuelta la chaqueta.
Ni por más que me ofrezcan beneficios.
Premios. Nominaciones. Postulaciones.
Y cualquier otro tipo de prebendas o regalías.
No estoy para acomodos.
Menos de última hora.
Ya decidí morir con las botas puestas.
Abrazando mis convicciones.
Disculpen.
Ya asumí mi perdición. Mi derrota.
Ya me acostumbré a la idea.
Soy pobre, seguiré pobre y moriré siendo pobre.
Sé que es atípico
Sé que es risible.
A estas alturas,
Existiendo PENTA SQM MINEDUC MIMVU
Existiendo PNL CNCA PIPO PICO
Existiendo tantas alternativas
de llevarse algo    para la casa.
De acceder al consumo
De alcanzar el éxito
De resolver tantos temas de tipo económico.
De pasar por famoso
De ser re conocido
farandulero televisivo opinólogo, invitado a "La Belleza de Robar"
De pasar a la historia
De estar un tiempo recibiendo
homenajes en vida   y luego,
después de muerto.
Con una fundación
Tal vez.
Disculpen.
Con todo respeto, pero
¡ ~~Váyanse todos a la mierda~~ !
¡ Quédense todos en su mierda !

Me dijeron que publique...
Claro... de hecho...
he visto escritores, los conozco
pero - la dura - está difícil…

Porque he visto caras de escritores famosos
pero no se parecen a la mía.
He visto pintas de intelectuales neoyorquinos
de esos que aparecen publicados en el Soho
y no se parecen a la mía.
He visto rostros de intelectuales parisinos
de los becarios Guggenheim
y no me parezco a ellos.
He visto el vestuario de críticos belgas
y modales de jurados londinenses...
y nada.

He visto a los destacados por el MAC
por el MNBA, hasta por los de AAL
y no se parecen a mí
en nada de nada.

Está difícil…

Lo siento, pero creo
que no encajo en sus moldes
ni en sus parámetros
ni en sus patrones antropométricos
ni en sus propias métricas
ni en sus estilos conceptuales…

Me hubiera gustado, ¿cómo no?

Sí me he visto en la cara de los cualquiera
de los comunes de los ningunes
de los escritores sin dientes
de los de alma adolorida y ojos empañados

Me he reconocido en los poetas alcohólicos de bares porteños
con cuadernos Torre cuadriculado 60 hojas
con repollitos creados involuntariamente, por sus propias manos
lápiz Bic pasta azul, bien mordisqueado, sin tapa

zapatos descosidos, calcetines no coincidentes
pantalones desgastados, chaquetas raídas
camisas con botones faltantes, por fuera del pantalón
flores marchitas en la solapa, y anteojos quebrados
pegados con huincha aisladora color negro
escritores que transitan declamando en mesas
sobre terrazas de restaurantes casi al borde de malecones
o en alguna esquina citadina poco concurrida
o en la ventana de algún vehículo motorizado,
detenido por minutos en...

O en una montaña perdida, con un público imaginario…
¡qué chucha!... ¡no sé...!

escritores que se suben a un ferry
sin boleto, y sin  destino
dejándose llevar por el "All aboard" y la sirena profunda
o el ruido estremecedor de las turbinas
escritores que transitan ofreciendo
cuadernillos multicolores cocidos a mano
en la estación del tren al sur
en el puerto de los tarros de cholguas
en el mercado central, exuberante, con frutos del país
con latidos acelerados que emergen de un corazón diseccionado
por su historia sufrida y memorable
Nada que hacer, está difícil publicar...
Mi destino es regalar poesía, eyacular, vomitar poesía...
en cualquier momento y en cualquier lugar...
Mi destino es regalar la poesía al transeúnte, al despistado
a la usuaria de la red... a la chusma consciente, a mi digital self...
al amigo que se cura a mi lado...
¡a quién quiera leer...!

¡Porque yo me veo en la cara de los poetas sin rostro!

poetas equidistantes del amor y la locura, del suicidio y de la gloria

Si. Me he visto ahí, caminando, durmiendo, llorando, entremedio…
aceptando cada día
la alegría y la tristeza, la vida y la muerte
según sea el caso.

SEÑOR EDITOR

Entienda señor editor
la poesía no tiene valor de cambio.
Es como el aire.
Solo tiene valor de uso.
No es un bien escaso.
Es ilimitado.
Por eso, queda fuera de la esfera de la economía.
Hai capito?

    (Ahora soy yo el caso perdido
    O tal vez, en este caso,
    ambos somos casos perdidos)

Por eso, no es que haya muerto.
Ocurre que solo no es del interés
del neoliberalismo.
Förstår du?

    ¿Alguien sabe si mañana está abierto
    el persa Bío Bío?

## ME RETIRO INDIGNADO

Amigas y amigos
tengo una buena o mala noticia que dar por este medio.
La noticia es que me voy, me voy lejos.
Me aburrí de esta democracia
y me retiro a la vida privada,
como dijo Marco Licinio Craso,
aunque en contextos bien separados.
Es que me aburrí de seguir con los mismos vicios
y de seguir en los mismos pasos.
      "Todos los días la misma mierda
      la misma mierda todos los días"[1]
Me cansé de mi depresión
y de la vida envasada.
Me aburrí de losególatras y los idólatras
de los turbios y arreglados
de ver pasar tantas veces
la muerte y la miseria por el mismo lado.
Me cansé de todo eso, y de mucho más
me cansé de la coca light
y de la sopa para uno
del tabaco adulterado
y la televisión abierta
esa que mira la gente cerrada,
que observa la masacre, y no entiende nada.
Me aburrí de la redcompra y la redstafa
del super, del pop corn en el cine y de la parafernalia
Me aburrí de los apellidos y las banderas
de los críticos y los pedantes
y de la gente que no es capaz de tener un romance.
De toda esa gente y de muchos más
de todo aquel que no mira más allá de un lunar.
De todo aquel que bosteza mirando el mar.
Me aburrí, me cansé, y me voy lejos
a ver si puedo vivir sin estar escindido
sin el alma en un hilo
aceptando el pasado

---

1    Referencia a poema de Pablo de Rokha

**Vamos a ver**

Vamos a ver si podemos hacer de este un territorio libre
donde vivamos el futuro presente
un espacio situado, levantado a otra imagen
y a otra semejanza.

Vamos a ver si podemos hacer de este un territorio nuevo
donde seres disimiles compartimos un todo
espacio rebosante de una vida redimida
y nuevas utopías naturalizadas.

Vamos a ver si los corta fuegos hacen su trabajo
impidiendo el paso de lo asimétrico
de la proporción espuria
y de los burócratas arrogantes.

Vamos a ver si podemos llevar en nosotros mismos una estrella danzante[2]
y sosegar el caos que habita en nuestra memoria eterna,
sólidos, iluminados.

___________________

2   Referencia a una frase de Nietzsche

Me gustan los estímulos visuales, con fuerte contenido ideológico.
La ecuación del entrelazamiento cuántico.
Om mani padme hum en sánscrito.
Labradores peones y proletarios en PDF.
Los diccionarios Quechua y Aimara descargados...

    Y solo debo levantar un poco la vista
    para ver el horizonte con las luminarias artificiales de allá abajo...

De reojo, los gatos en su nueva cama junto a la estufa.
Mi hijo y su animación en Blender.
El video de Dussel y la Estética de la Liberación.
La negritud del cosmos en noche de nubes bajas,
que invoca el vacío...

    ¡Pueblo! ¡Pueblo mío! Otro día vivo. Otra noche más, que me hace amar la
    vida y al mismo tiempo despreciarla. Posible sufrimiento del futuro incierto,
    que nos aterra alcanzar...

Fumar. Cantar. Llorar.

¡¡Hay gente que perdió sus ojos por mi!!...

Orejas calientes. El sonido de mis alvéolos pulmonares...

    No aspiro a un mundo donde Dios no sea necesario,
    sino uno en el que marche junto a nosotras, y pase inadvertido.

Estufa bien prendida y con tapa bien abierta.
Hijo maravilloso leyendo su novela, que no suelta nica.
Perros en sus (nuestras) camas.
Gatos jugando por aquí y por allá.
Luces de cobertizos encendidas irresponsablemente, allá fuera.
Montaña dormitando.
Bosque callado por la ausencia del viento verde de Federico.
Frío externo que se puede imaginar…

[What a wonderful world por Kat Edmonson en el parlante]

Refugio, como siempre, work in progress...
boca con queso mantecoso aún en el paladar,
copa de vino a punto de embriagar.
Sábado por la noche.
¡Soy feliz!

¡ETERNIDAD!
¡Infinitoooooo!

[Fly me to the moon de Angelina Jordan]

¿Cómo compartir esto?

Te amo, te amo, no sé quién eres, pero te amo...

¡Extraño a tanta gente aquí!
¡Extraño tantas épocas!

Me gusta el compu con tierra, en el límite de lo decente.
El desorden de piezas de arte y el revoltijo de objetos inclasificados.
Las camas a medio hacer, las repisas colmadas,
y la tele con mute en un canal no identificado.

Me gusta la música según el algoritmo de spotify,
que me tiene cachado.
El teléfono sin contestar, las puertas abiertas,
y una estufa siempre con leños, calentando gatos...
Luces encendidas a media mañana, loza en remojo
y ropa dispuesta como cama, dejada por la última visita inesperada.
La botella siempre descorchada, y copas con restos de un día anterior,
que hacen del bouquet una cepa de barrio bajo.

Me gustan los escritorios atiborrados de cosas que sirven
y otras no tanto.
Cajones indefinidos, con herramientas desperdigadas,
que nunca se encuentran.
Cigarros que se consumen solos.
Una escalera telescópica siempre disponible en el centro de la sala,
para subir a tapar un hoyo o declamar poesía brava.

Me gustan los cuadros colgados, sin nivel,
y ese letrero invertido que habla de un tiempo pasado...
Me gusta Anaïs Nin besándose con Frida Kahlo.
Los baños con puertas sin pestillo,
el boceto del próximo proyecto constructivo,
y el texto escrito a lápiz que seguro quedará inconcluso.

Me gusta leer a Bukowski, ese relato sórdido
cuando tiene coito con una puta desalmada.
Las revistas y diarios de hace siglos,
arrumbados en un pasillo que no conduce a nada.

Me gusta la vida sin tiempo, y a ratos, cerrar los ojos,
e imaginar que soy un ave que vuela hacia algún ocaso.
Me gusta soñar que soy jubilado, y que vivo de las rentas.
Me gusta ver la muerte pasar por allá fuera, mirándome de reojo,
con una sonrisa en sus labios.

PUNTO DE VISTA

Todo es cuestión del punto de vista.
Veo a las plantas cooperando, y a los animales complementándose
unos con otros, en equilibrio.
Al agua como sangre, y a los ríos como venas abiertas de la tierra viva.
A la gente buscando felicidad con muy poco,
y haciendo su mejor esfuerzo por resolver sus temas.
Las veo soñando, cada día, y administrando sus derrotas,
con hidalguía y estoicismo,
dos palabras extraídas de otro tiempo, aun vigentes...

Veo a las señoras obrar con total entrega,
y a los señores emprender sus proyectos, pese a todo.
A niños con la ingenuidad como única arma,
y a ancianos, que supieron lidiar con la historia.

Veo al tiempo pasar como un regalo merecido...
Caminos invitando a amar lo desconocido.
Cuerpos como esencias, ojos comprensivos,
bocas siempre disponibles para hablar tiernamente buscando un oído,
brazos fuertes, pies que acusan el tránsito inexorable de la vida

Veo caras tristes que me quieren decir hola,
y sonrisas que promueven alegrías...
Todo es cuestión del punto de vista...

Veo a la mayoría de pobres como en una burbuja
de la que no pueden salir por sus medios,
que no sea robando, engañando o explotando,
o haciéndose mierda para usufructo de la descendencia...
por eso nacimos pobres y moriremos pobres...

y nunca conocí a alguien íntimamente malo o intrínsecamente perverso...

Veo a la Luna como un sol, y al Sol como un milagro.
A la tierra, como un gran vientre de alquiler que me tolera en su justa medida.
Veo a toda la gente doblando la mano al destino.
a la violencia, como un pánico inexplicable al sufrimiento,
y al silencio, como un bien difícil de manejar,

para quienes debemos luchar cada día...

Todo es cuestión del punto de vista.

Veo que las aves me enseñan a volar,
los árboles a respirar,
las piedras a caminar,
y el amor del mundo
a curar mis heridas.

Cabaña a media tarde,
lluvia pronosticada, horizonte grisáceo negruzco,
penumbra que se instala sin permiso
una vela que ya se acaba
[Return to the heart, de David Lanz]
la situación de Chile y el mundo
la situación del patio y la palmera abatida por el viento
soledad que carcome, frío que campea, nieve que amenaza
incertidumbre apoderándose del devenir
sonido tempestuoso del estero que baja
con la fuerza de una rabia acumulada de tiempos
aislamiento, toda la vida transformada en un recuerdo
lo que pudo ser y que no fue,
por esas cosas inasibles del destino
por esa  endémica mala suerte, que acompaña
dolor, dolor de huesos, dolor de alma...
lluvia que retoma el ritmo y el ruido que lo envuelve todo
la muerte anunciada... la mente fuera del tiempo
los vidrios que tiritan al ritmo de los truenos

Siento tan lejos al mundo, y a la vez tan presente
y todo el corrimiento es hacia una escala de grises

sobre el campo cae angustia, dijo el poeta[3]
y era cierto

---

3    "Tarde en el hospital" de Carlos Pezoa Véliz

Por fin veo la lluvia caer en esta montaña.
Los árboles están relucientes,
regresando del túnel de la muerte...
por fin el cielo pintó la tierra de colores siena,
y las aves salieron a festejar el retorno del agua,
cantando sinfonías con solo allegro y vivace.

Con mis coterráneos canes salimos a las 7:00 AM
a revisar las techumbres y a hacer nuestras necesidades
en lugares predilectos.
La humedad despeja vías respiratorias
sacudiendo cualquier vestigio de virus naturales e imaginarios.

¡Me dieron ganas de escribir la palabra Esperanza!.

Ahora me siento a laburar, mirando por la ventana el bosquedal
que se yergue como leona en celo.
Serán lluvias hasta el lunes según predicciones.
El camino como jabón impide el movimiento,
como una cuarentena obligada que te impone señorita naturaleza.

Y aquí seguimos, en este nuevo otoño,
en el bosque escondido de la cordillera pehuenche

Tres días lloviendo de manera ininterrumpida.
El agua ha traspasado todas las capas
y comienza a circular por lugares no previstos.
Moja los cimientos, peligrosamente.
Humedece el piso de los cobertizos
salpicando las esculturas naturales.
Goteras aparecen sin previo aviso.
Todo es humedad.

Pero estoy feliz por el bosque que se nutre de pura vida.

Los árboles están rebosantes y el pasto otrora amarillo café
mágicamente se viste de verde llenándose de flores multicolores,
que acompañan.
Todo el vergel renace y se fortalece.
Si he asumido una vida anti antropocéntrica debo ser consecuente.
Que siga la lluvia. Aunque quede aislado.
Aunque se moje lo que no se debe.
Aunque deba hibernar, hasta nuevo aviso.
¡Naturaleza obliga!
El bosque esclerófilo está primero.
Yo soy solo un accidente en su historia.
El dato anómalo.
Un acontecer serendipiti.

¡Que siga la lluvia!.
Que moje hasta nuestras almas.

Y la lluvia sigue. 1.28 AM

he despertado por el ruido de gotas que aterrizan.
Pareciera que quieren caer al unísono. Y con rabia.
Como asumiendo el firme propósito de pulir
la superficie de este lado del globo.
Y persistentes, como si varias capas u oleadas se turnaran
para alcanzar sucesivamente el suelo, en un trabajo sincronizado
dirigido por un ser que controla la llave de paso.
¡Llueve a chuzos!, buena metáfora
Y chuzos de punta, evidentemente
It's raining cats and dogs
Il pleut des cordes
O sea, estas son precipitaciones,
ráfagas de lágrimas combativas
del arsenal inacabable
del ejército de la capitana
señorita o señora
naturaleza

31 DE MAYO DE 2020

Veo gente circunspecta protestando por su hermano negro
cantando en la iglesia, por su alma, llorando...
Veo a otras incendiando edificios de la policía local
o enfrentados a la Guardia Nacional
quemando vehículos, zaqueando tiendas de comida, rompiendo mobiliario
Niñas rubias teñidas, niños blancos caucásicos, negros chinos latinos,
Veo jóvenes rompiendo escaparates, de pura rabia

amontonados en las calles, recibiendo golpes de bastones eléctricos
mientras otros apilados en contenedores, recibiendo golpes de frío

Veo a un presidente que dice "si hay saqueos habrá balas"
a Mister Fake News sobre pasado
¿izquierda radical, supremacistas o extranjeros? titulan desde Rusia…

Veo el caos que se asoma en el país de la libertad vigilada

una bandera mapuche flameando en Minneapolis

una primera línea, que ya es universal.

Ya estamos acostados.
Trabajando, con tabaco y navegado,
dos libros de cabecera esperando lecturas
esporádicas y aleatorias,
Superman El regreso, en la tele, como una perfecta ironía
que transforma la escena en una acción de arte
el laptop con pegas en paralelo
[Ecocidio, Ecocentrismo, Biocentrismo, Downshifting],
y los canes durmiendo en la cama contigua,
en modo hibernación.

Y sendos truenos interrumpen la parsimonia.

Leika abre solo un ojo, en señal de preocupación...
Orgón se yergue, ya que para él los truenos son emitidos
por un gran monstruo que nos amenaza allá fuera,
y en su rol de protector, aspirante a jefe de la manada,
lo repele gruñendo desafiante, con cero miedo.

Y ante la persistencia,  se levanta sin vacilar,
y sale raudo a ladrar, al cielo...

los truenos se detienen

Y vuelve a su cama luego de su efectiva labor

[Lex Luthor en el piano, atemorizando a Luisa Lane]

Ahora agarra su hueso y lo carcome con sus dientes
cada vez más afilados, nutriéndose y preparándose para posibles riñas.

[Abro Lautaro guerrillero de Carlos Barella, capítulo Batalla de Tucapel]

Orgón jamás me quitará el rol de jefe de la manada,
pero le concedo que es la primera línea de esta casa.

Que se cuide la tormenta.
Aquí hay alguien que se para de igual a igual.

Noticias que se leen a medias
frazadas desordenadas
una gata molestando en la espalda
The Rollings Stones fragmentando el ambiente
textos deambulando por doquier
a la velocidad del pensamiento
Pan con palta
Estadísticas de hoy
y el vino servido en un vaso con lágrimas

y tú te apareces, Efraín
no en Emol...
de la mano de los lectores
que llevan tu ser poeta
en andas

Y aquí estamos
escuchando el Bandoneón de Piazzolla
y leyendo a Barquero
con su imagen, por hoy, en el escritorio
para acompañar su viaje al infinito

en Teno hice grandes amigos
que hace años no he vuelto a ver
Le mando un saludo al mecánico.

Efraín era de esos poetas extraños
un día me pregunté qué me unía a él.
y luego de varias lecturas
pude entender lo que intuía
nos conectaba la poesía... más nada
así de simple, así de fácil...
esa entidad que fluye allá lejos, solo explicada
por la física cuántica
o el estado alterado por una o más botellas de vino
o el tabaco purificado de la señora Anita
o la vibración de una cuerda danzante
en la espesura de la materia oscura
a punto de ser engullida por el agujero negro
que nos traslada a la dimensión de la magia hecha palabra

Efraín era de esos poetas sublimes
un día me pregunté qué me unía a él.
y muy pronto descubrí
que ambos aspirábamos la vida
hasta las últimas consecuencias

¡enronquecer!, ¡ahuyentar a las bestias!

a la mierda los que no entienden lo que dijo…

yo, como simple caminante, ingenuo y novato
él, como el constructor de caminos
que surcan el tiempo y curvan el espacio
que nos conecta
con la vibración primordial
de la magia hecha palabra

Dos galpones para trabajar esculturas,
centenares de ellas esperando su puesta a punto.
El algoritmo de spotify dándome en el gusto
(Love Generation, Bob Sinclar)
(en realidad yo lo busqué y lo agregué)
los perros tirados en una de las camas, ya durmiendo
los tres gatos instalados en distintas posiciones estratégicas
bostezando, esperando la durma...
mi hijo en el compu - frente a mí - diseñando en Blender

yo, con una cerveza artesanal y un queso de cabra hecho por la familia
la ausencia antropomórfica que mortifica, pero relaja
la montaña en modo negritud esperando la lluvia
que refrescará por fin a los seres verdes que nos protegen,
y alientan a seguir

publicando este primer relato después de meses...

pero la felicidad no es completa, qué duda cabe
miles o millones sufriendo esta fucking pandemia,
y otros tantos humillados por el rechazo a un (des)gobierno obtuso.

Hoy aprendí un nuevo término: extubación.
Y se usa para dar pie a una nueva vida más allá de la vida
o para recuperar la de antes, que - en cualquier caso - ya nunca será la misma.

Desde la montaña Pehuenche, aquí Baronti reportándose.

El sol está en modo despedida
Luces amarillas, naranjas y rojas inundan la cabaña
Mi cabeza recién rapada se refleja en la estufa
que aún no somos capaces de poner a trabajar.

Orgón con ojos grandes intentando reconocerme
Mi hijo no para de leer un pdf de ficción,
seguro ya vuela entre nubes de otra galaxia.

El sonido melancólico del piano:
"Somewhere only we know" interpretada por Jesse Brown
termina por configurar el ambiente surrealista.

La montaña tan presente...
¡Dios!...

         "Estoy envejeciendo y necesito alguien en quien confiar"[4]

         "Sí, todo lo que buscamos es el amor"... [5]

habito, respiro, sueño

escribo, trasciendo.

---

4    "Somewhere only we know", Jesse Brown
5    City Of Stars, La La Land piano solo

La gata Princesa es macho, supimos
Ahora se llama Prince
subido en lo alto del palo más alto,
arrancando de los canes juguetones
perfecto mirador de seres ágiles y volátiles
Emerge como un verdadero monumento

Mi hijo con un pentagrama virtual escribiendo música.
Can´t help falling in love por Alyssa Baker,
aparece con suavidad en el parlante.
El sol en arrebol ya se esfumó, para dar paso a la nubla
y posterior lluvia que durará tres días.
La bodeguita de Julio con delicatessen
que nos acompañarán durante el temporal,
y eventual aislamiento de lo humano y meta y trans humano.

Todo dispuesto y bien tapado.

Totem que ya hemos instalado en la pendiente de la roca,
en posición de lucha, para espantar espíritus malevolentes,
que de hecho circulan por estos lares.
Hoy le puse botones a su chaqueta.
Mañana veremos si alcanzamos a poner sus labios.

Ese genio es un besador de la putamadre.
El beso mortal de la vegetalia infinita.

A prepararse santiaguines: cuarentena, nubes, negritud,
el cielo en llanto, la vida cercenada...

señorita naturaleza ha pedido la palabra.

Un salud con aromo de dudosa cepa, pero de gran cuerpo y potencia.
¡Este invierno le trae angustia!.

El gato Prince baja del palo más alto,
como fiera que surca el ambiente.

Y así fue al volver.

Globos blancos y azules a lo largo del camino,
despedida a un alguien más que partió a su viaje celestial,
para comenzar una nueva vida.

Caras tristes y melancólicas, sentadas en soleras imaginarias
y veredas creadas por el paso persistente de nosotras animales,
en homenaje póstumo a ese ser aldea, que nos sostiene

Pasé en silencio, para luego seguir raudo hacia la montaña profunda,
con ojos rojos y nudos efímeros que asomaron en todas mis gargantas

Llegué, y volví a escuchar los cantos de chercanes.
Sábado por la tarde.
Armonizaban el aire, como un violín con golpes de arco sutiles y profundos,
perecederos en la distancia, pero eternos en la resonancia de almas sincronizadas
en vibración primordial...

Y volví a sentir el aroma del bosque encantado,
que me habla de poderes naturales, y ramas danzando al viento,
como una porfía inexplicable...

Y luego de un rato de meditación perdida en la nada,
y de una conexión con el amigo que sigue luchando por la vida,
allá en la urbe...

tomé la pala,
y planté un árbol.

Abro los ojos.
Frazada y cubrecama hasta la boca
(estoy temperado como oso hibernando)
Miro el entorno.  Pienso cada paso que debo dar antes del primero,
sobre el piso de tabla de este refugio de montaña:
abrir las tapas, sentarse, identificar la ropa que usaré.
Levantarse.
Ir al baño para lo básico mínimo mágico ideal.
Ir a la cocina y servir la comida de gatos.
Salir al patio y servir la comida de perros.
No hace frío, realmente. Llueve intensamente.
Las planchas de policarbonato corridas,
que dejan pasar acuosidad.
Entrar.
Poner agua en el hervidor.
Pan sobre la parrilla eléctrica.
Abrir el refri. Sacar lo que voy a comer...

    ¡Mentira!. Toda la gente quiere abrazar sus mentiras. Coincido contigo…

Preparo las tostadas.
Me sirvo la gran taza de té.
Voy al escritorio.
Abro el compu.
Leo sobre la identidad de Euler, el problema de P frente a NP,
la conjetura de Poincaré.
Lo habitual.
Noticias.
Miro la lluvia allá afuera.
Un techo verde semi transparente seria ideal.

    ¡Toda la gente miente!
    Yo también lo hago, incluso cuando intento mentir.

    ¡Basura!, fue lo que le dijo Lucho Vitale a Villalobos con su historia de
chile…

Desearía ser especial, pero soy un bicho raro.
I'm a creep dice Radiohead, en una pestaña activa en el navegador.
Tengo un rollo con las ecuaciones diferenciales, y con los sueños,
y con los agujeros de gusano.

Cielo grisáceo.
Noticias escalofriantes que vienen de la gran ciudad.

Qué daría yo por ser capaz de atravesar hoyos negros y aparecer al otro lado,
con todas mis partes puestas en el mismo lugar,
tal vez un poco más joven,
y un poco más vivo.

Hoy debo bajar al pueblo a comprar, seguro no habrá controles.

El universo también gira sobre sí mismo.

La Vía de la Simplicidad.

Hoy nos juntaremos por Meet con Manuel...

Un buen día para crear
seguir viviendo
y avanzar.

Y que le vamos a hacer
Si mientras tú leías a Benedetti
yo leía a Roque Dalton y a Gioconda Belli
Mientras tú ibas al cine todos los miércoles
A ver África Mía, Fitzcarraldo, Gandhi
Yo pirateaba VHS con Sacco y Vanzetti y Alsino y el Cóndor
Mientras cantabas a Serrat y Zitarrosa
yo cantaba a Alí Primera y a Carlos Mejía Godoy
Mientras amabas a una burguesita de La Reina
Yo seducía a la chica del pueblo
Mientras entregabas flores a la milicia en la Alameda
Yo me preparaba para una clandestinidad prolongada
Mientras abrazabas el color rojo con el hacha
Yo abrazaba el rojinegro, con el fusil
Mientras te alistabas para ocupar un sitio en el Estado
Yo me preparaba para evadir los próximos estados de sitio
Mientras triunfabas con la izquierda neoliberal
Yo era derrotado consecuentemente.

Desadaptado I

Te das cuenta que eres un desadaptado
cuando llevas tus perros a la pieza
les enciendes la estufa a doble fuego
los abrigas con tus mejores mantas
y le pones la televisión
para que se sientan acompañados
Mientras vuelves al sobrio y frío escritorio
a escribir poesía y a volar
por los extramuros de tu conciencia.

Desadaptado II

Te das cuenta que eres un desadaptado
cuando sales a la calle
y lo primero que haces es mirar en la basura de la esquina
para ver si hay algo que se pueda recoger.
Te das cuenta que eres un desadaptado
cuando eres la única persona que busca entre los cachureos
que dejan los cachureros
al finalizar la feria.
Te das cuenta que eres un desadaptado
cuando no obstante de recoger muchas cosas en la calle
criticas a quienes las botaron, prácticamente nuevas.
Esos seres inconscientes que le hacen el juego
a la obsolescencia programada.
Te das cuenta que eres un desadaptado
cuando caminas mirando el suelo
para recoger tapas de botella aplastadas entre el alquitrán
para tu proyecto de arte.
Eres un desadaptado
cuando tienes un proyecto de arte.
Cuando, además, recoges golillas, pernos y objetos metálicos.
Cuando dejas de pagar tu crédito, sí, también,
porque no soportas la tasa de interés.
Cuando dejas de ver tu película favorita
porque no soportas tanta interrupción de las tandas de comerciales.
Cuando dejas de ir al dentista
y compruebas todos los días como se sueltan tus dientes.
Eres un desadaptado
porque ya no te importa que te vean así.
Cuando tu cena es una botella de Merlot y
unos arrollados primavera.
Cuando destinas más tiempo a escribir poesía
que a producir dinero
Cuando tu teclado es un reservorio de residuos orgánicos
tu monitor está empavonado por una capa de polvo persistente
y el escritorio ya es un verdadero compost
Cuando tu basura es solo botellas y cajetillas
Cuando prefieres ir a vivir al bosque
antes de seguir con la urbanidad de la ciudad neoliberal.
Cuando ya no soportas las coimas y a los coimeados
las colusiones, los coludidos

y a los que critican "enfáticamente" la corrupción

Cuando ya no soportas el saqueo
de los que les tocó gobernar.
El robo, de los que les tocó almacenar.
La usura, de los que les tocó distribuir.

Cuando ya no soportas los discursos estadísticos
y los candidateos de los mismos traidores de siempre
que vendieron sus principios a los roquefeleres
a los señores gates.

Cuando ya no sientes nada,
al vivir un nuevo abandono.

Cuando ya no te importa
que te sorprenda la muerte
en algún lugar donde no haya un oído receptivo
y ninguna mano esté dispuesta a empuñar tus armas[6].

Ahí te das cuenta que eres un desadaptado.
cuando comienzas a tomar vino en vaso corto
cuando comienzas a tomar vino en caña larga
Cuando comienzas a tomar vino en la mañana
Cuando comienzas a tomar vino en la mañana y al seco
Cuando comienzas a tomar vino al seco y sin asco
Cuando comienzas a tomar vino al seco, sin asco y te tiembla la mano.
Y te tiembla la mano, y miras fijamente el vaso
y recuerdas aquellos tiempos en que eras un adaptado.
Y por más que lo piensas     concluyes
que prefieres vivir y morir desadaptado
que vivir y morir como un ser integrado
un puto mediocre integrado
¡un integrado de mierda!

---

6    Referencia a una frase célebre del Che Guevara

La vida citadina te va poniendo insensible
Caminas por las calles y te enteras de noticias
que se asoman entre las rendijas que dejan los transeúntes

        pero tú ya no tienes nada que decir

el amigo del presidente que roba estatuas públicas
el ministro que cae en su propia piernarrota
el paco que elimina la prueba crucial
la política hecha con vuelos charchas
velatones y protestas por aquí y por allá
por otro ser asesinado u otra especie extinguida
un candidato llamando a la involución
niñas lindas con la bandera mapuche
cárceles colmadas de ingenuos
ladrones sueltos ocupando instituciones

        pero ya no tienes nada que decir

        porque ya perdiste el asombro
        mientras ellos perdieron la vergüenza

N.E.O.L.I.B.E.R.A.L.I.S.M.

Guy Debord y la Sociedad del espectáculo
Roger Waters, Pink Floid, Another ladrillo in the muro
show business, show freak, ¡show me the money!

¿qué habría pasado si en dictadura hubiera existido Internet?.
Decíamos hace algunos años
Hoy existe Internet... y la Dictadura... también

pero ya solo dices... y todes te leen y todes comparten
y todo sigue peor que ayer

Te pones los phones conectados al iphone por blutut
escuchas la música que trajiste de Ibiza
o del Bío... da lo mismo...
y el ritmo te traslada a otra dimensión de la vía pública
miras por sobre las cabezas negras de los esclavos
caminas junto a ellos pero estás en otro país
imágenes entrecortadas, códigos superpuestos

se desdibujan por la velocidad de tus cambios de ánimo
por la emoción de la música y los giros de tu masa cerebral
¡nunca debiste tomar la pastilla roja!
la ignorancia es dicha, decía el libreto de las Wachowski
adulterado por las traducciones de la industria cultural.
pero ya no tienes nada que decir
porque tú ya perdiste la memoria
que te hacía recordar el motivo de luchar
mientras ellos ganaron la confianza
para defender su derecho a matar para lucrar

N.A.C.I.O.N.A.L.I.S.M.

El amor a la patria para venderla al peor postor
Armani, Prada, el yate privado, el helicóptero
la casa de los mil metros cuadrados
el auto que acelera de cero a cien…

¿Cómo no vamos a robar si todo está ahí esperando?
¡Qué se pudran!... Ahora me toca a mí…

Si el mundo se acaba al menos que nos pille bien vestidos…

Y sigues con tus phones e i phones... subes el volumen...
escuchas un pitido que indica que te hará mal
y ahora miras rostros que vienen en sentido contrario
que miran sin mirar, asustados por el ritmo vertiginoso
de la música fúnebre que suena en sus cabezas
teñidas de amarillo por no sé qué ungüento transnacional
y sigues sabiendo de códigos que muestran el lado inescrupuloso de la vida
y te dan ganas de llorar…          Llanto interrumpido…
por los beats per minute que se aceleran con la nueva canción
y caminas más rápido que todis y todus
levantas los brazos... aplaudes porque algo debes hacer, gritas
la gente te mira sin mirar
y alcanzas a casi volar
y desde lo alto sigues viendo el espectáculo
aunque ya todos estemos muertos.

El mundo patasparriba.
La fauna revolcándose en el neoliberalismo.
Felices en la ignorancia.
Todo parece una putamierda.
Todos parecemos la putamierda.

Esta primavera más que renacimiento
parece que fuera el último manotazo del ciego moribundo
con la herida autoinfligida.

Y yo aquí, espectador de primera fila
esperando que salpiquen los pedazos
convertidos en esquirlas,
poniendo el rostro por delante,
con las manos atadas de impotencia,
presenciando el mundo desahuciado
que le dejamos a nuestros hijos.

Y lo decidí
caminar hacia las tinieblas
hacia la obscuridad
lo rugoso negruzco
de lo ruralizado naturalizado

caminé y caminé
Y ahí me quedé
en un encierro de mil años

pero volví
volví a ustedes
      como mesías
      como rey mago
      como salvador, libertador
      profeta
      como divinidad
      como Jedi
a dictar cátedra
a decir lo que aún no se ha podido decir
ungido por la palabra real y verdadera
      como héroe
      como avatar
sí, es cierto, estoy revelando
mi originaria existencia
créanme… ¡cree en mí!

volví a ustedes
      como poeta

¡La verdad ha sido dicha!

ahora, vota por mí.

A estas alturas ya he perdido toda inspiración.

Pienso en clavecines, sonando en cuartos antiguos,
escondido en algún país remoto,
en una isla que alberga la pequeña aldea
amando la silueta de un otro ser.

     Esta vez, don Tiempo no ha tenido piedad.
     Sabe que lo he desafiado.
     ¡Ingenuo!

Pienso en catres de bronce y colchones floreados,
dispuestos frente a ventanas con vista al mar
con postigos abiertos pintados y rejas de fierro fundido
con visitas sistemáticas de las aves del litoral

Más todo se interrumpe.
Estoy perdido en la multitud.
Minimizado entre tanto bullicio que no deja de acometer mis oídos.
Encadenado... el primero en la fila para recibir circo y pan

¡Mierda!
Pura mierda.
La historia clausurada.
Los sueños que nos dejaron partir.

Me gustó su foto de perfil...
Y de la solicitud de amistad pasamos a los me gusta
de los me gusta y me encanta pasamos al mess
y en el mess nos quedamos su rato...
y de ahí nos fuimos al guasáp
de las letras y emojis pasamos a los audios
de los audios a las fotos sugerentes
de las fotos sugerentes pasamos a los vídeos
de los vídeos a la llamada
de la llamada pasamos a presencial
y nos encontramos... y me gustó...
a pesar de la diferencia con su foto de perfil

hicimos match, como se dice ahora

nos involucramos.
y así nos quedamos su rato…

pero todo terminó, se puso troll
me enojé, publicaba estupideces

Y de ocultar publicación
pasé a ocultar por 30 días,
luego la dejé de seguir
igual me la seguía encontrando
opté por "tomar un descanso"
ahora la tengo bloqueada,
y sanseacabó.

Me gustó el consuelo del feis:
"Lamentamos que hayas tenido esta experiencia".

Si volviera a nacer, haría tantas cosas que nunca hice
como escalar la montaña que miré por siempre desde mi ventana.
Pasaría más noches observando el tránsito de las estrellas,
fijándome, esta vez, en los detalles.
Si volviera a nacer plantaría más árboles,
Acogería a más animales que me necesitaran
Tendería la mano a más extraños
Y sonreiría a más niños y a más ancianos.
Si volviera a nacer, trataría de volver a ser yo
pero un poco más gentil y menos apurado,
jugaría a hacer más aviones de papel
para tirarlos desde más azoteas de edificios céntricos
con dibujos de infancia y ojos asustados.

Si volviera a nacer volvería a poner más veces la otra mejilla
recibiría más golpes, y guardaría silencio, en más ocasiones
volvería a llorar como tantas veces
y volvería a estar dispuesto a ser nuevamente derrotado.

Si volviera a nacer sería mejor hijo, hermano, amigo y padre.
y le daría más tiempo a escuchar necesidades.
Si volviera a nacer comprendería más argumentos
y daría la razón a más y más enemigos declarados.
Si volviera a nacer amaría mucho más
o amaría como un niño azul maravillado
mirando nuevamente como nacen las abejas
o a las arañas que emergen desde sus telas
en muros viejos de patios malezados.

Si volviera a nacer no sería tajante ni taxativo,
ni abrupto ni temerario.
Abrazaría verdades relativas y saldría por ahí a buscar errores adjudicados.
Tal vez como un árbol
erguido ahí, pero siempre dispuesto
a convertirme en leña
para volver y volver a entibiar
todas tus noches y todas tus mañanas.

Si volviera a nacer
quiero hacerlo convertido en la humedad que permea los campos

o en briza que atraviesa edificaciones
en ruido de máquina que produce alimento
o en fluido, que lubrica partes y piezas necesarias.
¡Quiero estar ahí, donde nadie me espere!
En la fábrica efímera y en la performance eterna.
En el dato serendipity y en la nota mal tocada.
En el agua calma o en la turbulencia.
En el torbellino, en la cicatriz
y en la silueta temblorosa de una fogata cantada.

¡Quiero estar aquí, ahí, en todas partes!.

Quiero hacerlo como una nube blanca que transita allá lejos
o como flor que emerge entre el asfalto,
dispuesta, una vez más, a ser única, efímera y descontrolada.

Si volviera a nacer, volvería bastante más decidido, bastante más efectivo,
para acompañar nuevamente tu vida y tus andanzas.
Volvería para tener los mismos hijos, y también los mismos padres.
Los mismos amigos y los mismos proyectos trashumantes.
Esta vez más comprensivo, esta vez más generoso.
Esta vez, de la manera que debió ser, y que no fue,
por la inexperiencia que implica vivir
solo una vida.

Once de septiembre de 2014

Un nuevo once...
Nada es perfecto.
Seguimos sintiendo
Seguimos luchando
Desde múltiples trincheras
La vida continúa
Más, las heridas no se cierran
Y no lo harán
Hasta renacer en una patria nueva
Una patria digna
Digna de nosotros
Digna de quienes la soñaron
Digna de quienes ya se fueron.
La vida continúa hasta un nuevo once,
donde renovamos y renovamos,
y volvemos a renovar
el recuerdo a los caídos
el amor por nuestra lucha
y el apego a nuestros sueños

Víctor, Víctor, Víctor.
Septiembre se llama Víctor.
El pueblo no olvida
El pueblo no perdona
El pueblo no deja de amar el arte.
Y a quienes cantan con el canto
cuando palpita en sus venas.
Y a quienes cantan desde andamios,
esos que alcanzan estrellas.[7]

_______________

7    Referencia a la canción de Víctor Jara

Volver a la ciudad intermedia.
La ciudad baypaseada.
Poner la alarma. (El tiempo es el grillete).
El noticiario como música de fondo
hablando sobre otra ciudad.
     carterazos
     abordazos
     portonazos
     balas locas balas cuerdas balas teledirigidas
     el robo de firulais
     el stock de pfizer
     las fronteras cerradas
     la nana insultada

La decadencia de Chile que se expresa en su mejor momento.
Qué ironía. El pago de Chile que Chile se hace a sí misma.

La estufa que a penas calefacciona el lugar.
Planchar la camisa.
La manilla tan fría de la puerta tan antigua.
Aún es de noche.
Caminar mirando el pavimento frío y a ratos descuartizado
por el paso repetitivo de la población penal.
Esperar el colectivo con disfraz incómodo y zapatos prestados,
reflejado en caras tristes de seres adormecidos
que tomaron la pastilla azul.
Saludos con risas impostadas.
Hacer hora para respirar.
Asumir la inequidad como dato de la causa.
Levantar la guardia.

El regreso a la vida en modo bullying

El invierno que no se deja vivir.

Desadaptado IIII

Te das cuenta que eres un desadaptado
cuando se te pierden tus anteojos
y los comienzas a buscar
primero sobre las mesas
luego en la cocina
luego en el baño
luego en el dormitorio
entre las almohadas
En el suelo,
entre el polvo del cubrepiso
sobre el televisor
entre la ropa que vive ahí.

Sabes que la noche anterior los tenías puestos
aún así, los buscas en el morral, el banano
en los bolsillos de chaquetas que usaste
en los bolsillos de chaquetas y pantalones
que no has usado, incluso.

Das vueltas y vueltas
y vuelves a buscar en los mismos lugares
sabiendo que eso no se hace,
que no tiene sentido.

Luego, al no aparecer, los buscas
en otros lugares extraños
como en el interior de tus bototos
en el refrigerador
en la taza del inodoro
abres cajas que sabes que no has abierto
hace mucho
pero igual miras ahí dentro.

Luego piensas en el perro
en esa perra nueva llamada Leika
que acostumbra tomar cosas,
llevarlas a su escondrijo
y morderlas hasta llegar
a su destrucción completa
y, no están ahí, por suerte.

Te tomas la cabeza
vuelves a palpar
por si estuvieran escondidos
en medio del pelo...
de esa voluminosa cabellera
y tampoco están ahí,
o sea,
se perdieron…
que mala suerte.

DESADAPTADO IX

Estás viviendo en la montaña profunda
Una semana sin hablar y sin salir
el almacén más cercano queda a diez kilómetros
te conectas a Internet con lo mínimo
pero ya no tienes motivación para ni un solo link
Sabes que no hay portal de confianza,
porque todo es una puta fake news
ninguna red te recibe con agrado,
porque has perdido la empatía
Todo lo que parece atractivo se tiene que pagar.
Solo te queda escuchar canciones
que alguna vez bajaste en mp3.
Y releer libros de la última biblioteca
que no alcanzaste a perder.

y no tienes nada que publicar,
porque no tienes nada que decir.

todos los posteos te parecen aburridos,
historias de otra época, de otro lugar.
y ha pasado tanto tiempo sin leer a tus amigos de antaño,
porque te dejaron de seguir.
Y has debido bloquear a tanta gente
que piensa muy distinto a ti

Cuando no te queda ni un puto diente,
para probar el cocimiento de un puto arroz.
No tienes colmillos para abrir un condón.
Y tus órganos producen semen por goteo,
que alcanza para tener una mínima sensación.
Tus ojos no distinguen letras de subtítulos
y te da paja comprar anteojos,
en el operativo oftalmológico de la población
Tus perros no te consideran,
porque dejaste de ser amigable,
al obligarlos a comer la misma mierda que tú.
El bosque ya no te saluda.
Las plantas no se abren cuando les hablas.
Y tu tele es solo el canal informativo de DirectTV.

Cuando nadie te pesca,
porque todos están viendo las noticias de AhoraMentiras.
Cuando te das cuenta que tu libro solo será leído si falleces,
y con cuática.
Cuando has seguido las mejores causas perdidas,
que además fueron invisibilizadas por la historia oficial.
Cuando todo se trata de lukas, y poder ejercido sin vacilar.
Cuando tu cable al cielo ha pasado a ser
una cadena, soldada a un presente de mentira.
Cuando estás despierto, en línea, y todos se fueron a dormir,
o queda pura gente de otros husos horarios,
que no te reconocen, no hablan tu idioma.
Ahí te das cuenta que eres un desadaptado.
Y te convertiste, realmente, en un ermitaño.

Decidiste ir al sobre porque nada te complace.
Y asumes la derrota de cambiar el piano por el control remoto.
Y optas por un zapping entre las propagandas de la industria,
a ver si recoges algo bueno de la basura en la TV.

Cuando quedan unas pocas gotas de vino.
Y hay mucho dolor en los pies.

Cuando, a pesar del reset global, todo sigue igual que ayer.
Y entre broma y broma, comienza a volver la angustia permanente,
que coexiste…

Vas a apagar el compu, y aparece en un breve ángulo de la ventana
una luna creciente maravillosa, acercándose a la plenitud del lleno,
que cubre todo tu vacío.
Y entiendes, que mañana será otro día.
Un renacer.
Una oportunidad.
Donde todo es posible. Incluso, el dejar de existir.
Y vas a apagar la música,
y en el preciso momento de ubicar el botón de power
aparece la guitarra flamenca de Armik.

Tomas aire, y comienzas a bailar.
¡Qué siga la fiesta!

DESADAPTADO IXI

Y tomas desayuno.
Varios cigarrillos Fox y varios vasos de Coma Caca.
Si, es cierto. Quiero morir.
¿Necesito una madre? No.
Ya no una mujer que me diga lo que debo hacer.
¿Necesito una pareja? La verdad es que no podría estar a la altura.
Por algo le dicen pareja.
¿Necesito una mascota? Tengo dos, pero no puedo obligarlas
a darme algo por el solo hecho de ser dependientes.
Ellas viven su vida.
Hay que ser coherente.
Parece que solo necesito un ser que me abrace, simplemente.
Que me susurre al oído que todo estará bien.
Que "ya pasó lo peor".
Y que acaricie mi cabeza golpeada y adolorida,
como lo hace la briza en el atardecer del verano
o la luz del sol en las mañanas de invierno

Un ser disponible. Celestial.

Que no tenga repugnancia de la poesía grecolatina
Que ame las estrellas luminosas y los ocasos abigarrados.
¡Que sepa admirar horizontes!
Que ya superó machismos y patriarcados.
Que asuma que la fuerza motriz del mundo
es el amor en su tinta,
y con ella me escriba cartas,
y las reparta por el mundo,
diciendo que me ama,
aunque no me conozca.

Debes creer en ti
El éxito esta en la confianza en ti mismo
Alcanzar la meta / Llegar a la cima / Ganar Ganar
Tu ego necesitará estar sólido
En la vida hay que abrirse paso sobre los demás
El tema no es caer, sino aprender a pararse
Si no pierdes, no podrás disfrutar de la victoria
El fracaso es parte del éxito
De las dificultades nacen los milagros
Lo que no te mata te fortalece
Lo innato es ser egoísta
La mejor defensa es el ataque
La competencia perfecciona
A quien madruga dios lo ayuda
Cada mañana despiertas con la obligación de ganar
Más vale pájaro en mano
El pez más grande se come al más chico
Estás en un tanque de tiburones
La paz es el tiempo de preparar la guerra
La meta no es obtener reconocimiento sino una plácida existencia
Si no sabes lo que hay después de la muerte, no importa, ¿a quién le importa?
Si la vida te da limones, haz limonada
Cuando una puerta se cierra, otra se abre
Cuando uno quiere, puede
Cuando uno puede, debe
Si crees que puedes, puedes
La mejor venganza es un éxito masivo

y bla bla bla

y bla bla bla

Cuando la luna creciente está a la altura de tus ojos
desde tu silla de siempre y tu mesa de siempre
en una ventana aferrada al pasado, entiendes,
que solo nos queda intentar remecer el futuro.
Que tendremos que rasguñar con nuestras uñas,
para lograr la cima que esconde el viento
que seca nuestras lágrimas.
Una bailarina danza en la caja de música.
Un ruiseñor se posa en la casa del bosque.
El árbol deja caer una última hoja de otoño
seguro de alcanzar la nueva vida que vendrá.
¿Por qué se hacen tan cortas las canciones que amamos?
Si señor, estamos del lado correcto de la historia
aunque termine siendo escrita por otros.
Porque somos la historia que nunca pudiste adulterar.
El féretro que no te dejamos cargar.
La luz que nunca dibujó tu rostro
La esencia que jamás contuvo tu olor.
No hay nada más íntegro,
que un ser que ama su lucha,
y triunfa por su amor.

El pasado es un pésimo sueño
no hay motor que detenga esta caída libre
sentimientos encontrados
en el infierno
de lo real
Soy la porosidad pura
que percibe el ambiente
con luz y sin luz
contigo y sin ti
No hay nadie como tú
mariposa que aún no sale de su arrullo
La colilla no se apaga
el vaso está medio vacío
No hay derecho
no hay izquierdo
Si o sí el frío
No hay aire en los seres del tiempo
Acordeones y pianos de Babilonia
Destellos en el cielo
Flauta de Gurdjieff en la ceremonia
Dime como me desprendo de la locura,
cómo controlo mi euforia.
La picazón en mi cabeza
Mis uñas ennegrecidas por el cerumen
De oídos que ya no oyen
Del tiempo sin conceptos
que no logran alguna consecuencia
Ni un beso, ni un suspiro
Palabras impuestas por el corrector ortográfico
el big bang comenzando en la cabeza de un ser que no soy yo
Dime como te olvido
¡Porqué me traicionaste!
Segundo por segundo.
Cada día abrir doce cortinas
cada noche cerrar doce cortinas
quién dijo que la libertad existe
si no es en la propia muerte
si no es en la propia suerte
Soplar las cenizas sobre el teclado
Ayer no dormiste.
La vela está negra.

El perro come su hueso sobre la cama
La gata duerme extasiada.
No hay destino No hay futuro
No hay aullidos ni alaridos
Ni hablar del 123
sin modales sin saludos
No hay diálogos ni bailes
Todo se va a la mierda
Después hablamos
Después bailamos
Si me das un beso me pongo a tus pies
El vaso está medio lleno
de palabras vacías
incongruencias de metal
Atrocidades por aquí y por allá
Caminando en la frontera
Nos vamos juntos de la mano
Entre bombas atómicas
La vela está líquidamente atomizada
Las pastillas están sobre la mesa
esperando ser engullidas
La pistola está cargada
No eres el único armado
de cigarros Fox
agua de vertiente
luces artificiales que me hacen despertar
Es hora de noticias
nepotismo
la mariposa violada en su arrullo
hora de verdades mentirosas
Hora de clonazepanes
De cannabis endulzante
Debo terminar la mesa de luz
La semana viene media llena
La vida media vacía
De un amor que era para alguien
Después de un segundo sin vernos.
Con la pizza y la plaza
Finaliza el horario para todo público
Cigarro tras cigarro
El dolor en la espalda
esperando el momento de la transfusión

de la diálisis
Donde quedó mi botella de tequila
el vino que no vimos venir
Es hora de noticias
la música no para
la cruz no se puede cargar
Disculpen si hoy me muero
No fue mi intención importunar
Ni dejar escrito el testamento
Es mejor dejar de suplicar
o llenar el pliego petitorio
Si te vas conmigo seguro no volvemos
de la adicción
de la paráfrasis
de los oximorones
de los metalenguajes
manoseados por el firmamento de los firmantes
Aquí hay sentimientos
seguro que si
seguro que los hay, coño
seguro que los hay
Seguro hay alguien que no deja de escribir
entre líneas
entre frío
entre dígitos gastados
          golpeteo desastroso
fiebre, dolor y angustia
pistola fría sobre la sien
o cien pistolas sobre la planicie
que te esperan
durante toda la vida
Durante toda la vida

¿2020?


Y saben que más...
me aburrí
de ser el hombre perfecto
el que todes alaban
el que marca la pauta
y dicta cátedra ética y moral
me aburrí
de mantener la compostura
de ser políticamente correcto
porque la verdad es que soy
un cero a la izquierda
un dato anómalo
el que está fuera de toda norma
de toda consecuencia
de la coherencia de la gente de bien
y sí, es cierto
porque como carne
mato insectos
no medito ni rezo ni hago biodanza
consumo drogas lícitas e ilícitas
duras y blandas
y lo peor es que no lo puedo evitar
hoy mate una abeja, por poner un ejemplo
y volví a comprar un vino en envase tetrapack
y si, es cierto,
hoy vi vídeos de gente peleando
y no me importó
hoy vi vídeos de pacos incendiando edificios
y no me importó
hoy vi los discursos del presidente
y no sentí nada, la verdad
Yo sé que debí haber tenido rechazo
hacer arcadas, repulsión
lo sé
pero lamentablemente, soy un cero a la izquierda
no puedo parar de consumir
no puedo evitar las tiendas chinas
llenas de mierda y artículos superfluos
artículos plásticos que duran un mes...

Pero esto es peor
porque vi los incendios en el puerto
y no me importó
porque ya escribí un poema contra eso
ya escribí un poema contra eso y nadie me pescó
y ahora, para decir la cosa bien clara
escucho "The Air That I Breathe" interpretada por The Hollies
y siento que nada es mi responsabilidad
que no estoy ni en la primera ni en la última línea
soy un fraude al fisco, un fiasco
y que no puedo evitar
conformarme con el horizonte que se me aparece
todos los días santos
todos los santos días
¡todos los putos días!
disculpen, acaba de aparecer "Hotel California" en el parlante
interpretada por Eagles... les dejo...

¿2020? ¿qué mierda de año es este?

¿Cómo mierda llegamos hasta aquí?
¡Cómo mierda llegamos hasta aquí!

No son canas, señor, es el aserrín de la madera de mis esculturas.
No son arrugas, es la luz que marca lo que siempre estuvo ahí.
No son callos, son corazones formados por el trabajo duro y la meditación activa.
No son lágrimas, señor, son mis ojos, que hablan de amor.

QUE NADIE ME VENGA CON WEAS

Yo estuve en los carretes del Castillo Francés
cuando nos quedábamos adentro,
cerraban las puertas por el toque de queda.
Los que estábamos ahí ahora están casi todos muertos...
Sí señor... hablamos del 83, 84.

Luego se llamaron los carretes del Jaque Mate
si, de esa época soy, también.
De las yeguas...
Del carrete tóxico
De la clandestinidad
Del punto

Sí, y también estuve en el 666 y en el 777
y en el bar de Italia con Irarrázabal
¿te acordaste?. Con las bandas en el subterráneo.
de los carretes en el submarino
sí, cuando quebrábamos los vasos en el suelo
y luego nos servían las cervezas en jarras plásticas
esas semi transparentes
con medidas en mililitros.

Han pasado 18 años
y aún sigo esperando el punto.
Sí, ese del partido
de la CM
el enlace,
del compañero que nos va a llevar a Libia
sácale todas las etiquetas a la ropa, me dijeron
que nos vamos a Libia.

Nosotros nos ocuparemos
de mantener la llamita encendida
de la lucha armada.
Para que el tiempo no nos juegue en contra.
Porque esta democracia no nos es suficiente.
Me dijeron.

Han pasado 20 años
y aún sigo esperando el punto
Hay que reconvertirse orgánicamente, compañero
Eso me dijeron.
Y yo me quedé esperando el punto.
Disciplinado, como soy.
Aplicado.

Han pasado 25 años
y aún sigo esperando.
Hay que reconvertirse orgánicamente, compañero
Eso me dijeron.
Y yo me quedé esperando el punto.
Disciplinado, como soy.
Haciendo cosas distintas a las que haría un revolucionario.
El objetivo es dejar de estar encuadrado
por la repre, por la inteligencia enemiga, no es tan difícil.
Dejar de tener seguimientos.
Y esperar el punto que el Partido enviará
tarde o temprano.

Y sigo,
Leyendo/escuchando poesía.
Han pasado 30 años.
Eso me dijeron.
Y yo me quedé esperando el punto.
Disciplinado, como soy.
Esperando el punto, del Partido.
y acá estamos.
Aún rabiosos. Aún consternados.[8]
Aún con algunos burgueses entre ceja y ceja.
Por esto de las desigualdades.
Por esto de la infelicidad por ignorancia.
Por esto de las injusticias eternas
las coimas y coluciones,
que nos hicieron acumular
tanta impaciencia.

Y aún sigo, aunque nadie lo crea
en la montaña pehuenche

---

8    Referencia a poema de Mario Benedetti "Consternados, rabiosos"

vestido de salvaje, respirando en una ermita
conversando con los árboles
haciéndome amigo de las piedras
esperando el punto    el del partido
a sus cuadros
que deben estar por ahí en algún congreso
en alguna reunión clandestina
para luego hacer el llamado
a la reunión refundacional reconstitutiva
a la que todos asistiremos
disciplinados como somos
los que aún vivimos
y los que ya estamos muertos.

EL INICIO

Todos creen que esto partió con la evasión del Metro
y no, comenzó cuando convoqué a las barricadas, el 17 de octubre
así de simple... con el llamado a quemar iglesias...

Anda, mira, lee y vuelve acá a decirme que es mentira…

En realidad, fue cuando me retiré indignado a la montaña pehuenche, 2016
En realidad, fue en junio de 2015, cuando convoqué a un paro Nacional
en un poema de mi libro Vórtice... aún sin publicar...
O tal vez fue cuando no quise votar por el No, en ese año, ¿1989?
y me puse duro con eso de la no inscripción en los registros electorales
O fue cuando salí a gritar a la calle durante la primera protesta
por allá por el año 1983, ¿cuánto hace de eso?
Ahora, si hilamos fino, en realidad fue cuando mataron a Miguel... 1974
O cuando nos quitaron a varios, para ese fatídico 73...
De hecho, esto partió con el asesinato de García Lorca, sí señor, en 1936
E incluso, podríamos decir que todo se debe
al asesinato de Nicola Sacco y Bartolomeo Vanzetti, en 1927
de esa época estamos hablando...
Ahora, si se trata de una fecha de inicio, que tal 1873,
cuando Rimbaud publicó "Una temporada en el Infierno"
O la publicación de Los Manuscritos Económico Filosóficos de 1844,
de Carlitos Marx...

Ahí parte todo...

Yo sabía que los cabros del Instituto Nacional se las traían.
Dicho sea de paso, fue inaugurado el 10 de agosto de 1813

¿Quien puede contra 200 años de historia?

te amo tanto tanto...
los helicópteros dan vueltas a esta hora,
hay sonidos de balas en el cielo...
las barricadas aún no se apagan...
te amo tanto tanto...

      ¿Ella se llama Lucha?

Ella se llama Pueblo.

Ya son 22 días.... y son 200 ojos mutilados
a la juventud que salió a ejercer su ciudadanía
gente linda, soñadora, que logró despertar
en medio de una sociedad abyecta y desalmada

      "Por cada niño muerto nace un fusil con ojos"
      (Neruda, Guerra Civil Española)

      Por cada ojo menos, nacen 1000 ciudadanos dispuestos a todo.
      (Chile, revolución de Octubre)

Y seguiremos, en las calles, en las barricadas
atacaremos donde menos lo esperan
monumentos, patrimonio, centros de placer y despilfarro
no dejaremos piedra sobre piedra
en sus ciudades, en sus avenidas, en sus palacios

Por cada ojo menos, habrá mil ojos más mirándolos
esperando el momento, porque somos millones.
Los golpearemos donde más les duela
lucharemos con las armas que jamás pensaron
porque para la violencia del pueblo
todo es cancha

estaremos ahí, donde sus balas no alcanzan
donde sus piernas se cansan y su ánimo decae
y más temprano que tarde
los iremos a buscar cuando estén durmiendo
a sus domicilios, a sus escondites,
a sus escuelas clasistas
a sus lujosos hospitales

Las ratas deben salir tarde o temprano.

porque cuando un pueblo despierta
solo basta una chispa para el imsomnio.

Y si alguna vez levantamos los dedos con la V de victoria
no está lejos el tiempo de que sea también
la V de la venganza
200 ojos menos
hoy como ayer

¡ni perdón ni olvido!

Porque nadie puede contra millones
¡Nadie puede contra millones!

¡Compañeras! ¡A llenar los bidones!.
A incendiar el cielo si es preciso
a mimetizarse entre los escombros
¡y a unirse como una familia soñada!

vamos a sacar lo mejor de nosotras
y van a conocer lo peor de nosotros

solo queríamos amar
solo queríamos bajar escaleras cantando
a besar las manos tiernas de una madre
y han transformado nuestro amor en odio

Perdónanos Che, pero hemos perdido la ternura.

Comiencen a temblar, iremos por ustedes
porque esto recién comienza
porque esta lucha no para.
Porque esta revolución es contra oligarcas y patriarcas
y su brazo armado, la tropa de dinosaurios domesticados.

Porque esta revolución
es contra el pasado del hombre.


(10 de noviembre de 2019)

La gente comienza a rebautizar plazas y calles...
se llama Poder Popular

(12 de noviembre de 2019)

Dime, por favor, ¿qué ves?
      los helicópteros y sus luces dan vueltas
      como siempre, buscando para destruir...
      los cascos recorren las avenidas
      las botas pisotean las flores del jardín

Dime, por favor, ¿qué ves?
      Una noche de balas trazadoras
      como siempre, buscando para destruir
      las barricadas aún no se apagan...
      y la gente no abandona sus puestos de batalla

Dime, por favor, ¿qué ves?
      Veo tus manos enlazadas a las mías
      como siempre, unidos en la lucha
      Tu cuerpo pintado con polvo de estrellas
      Tus ojos, iluminados por la Luna

## MUJER EMPODERADA


- ¿Porqué te vas a Santiago?
- A hacer la revolución, a eso voy.
- ¿Y tienes que ir tú?
- Sí. Debo ir... es que si no voy yo, capaz que no resulte…
pero voy, la hago, y vuelvo... ¿me esperas?...
- Te acompaño, porque si no te acompaño, capaz que te pierdas en el camino…

Ya CHIQUILLES, me cabrié
vuelvo a Santiago
había renunciado a la patria y a la ciudadanía
pero este despertar de Chile me hizo despertar a mí
así que vuelvo a reencontrarme con la historia
con la calle, la urbanidad, la civilidad
voy a marchar y a gritar
a fruncir el ceño
a dialogar con ironías y a lanzar expresiones mordaces
a encontrar los palacios del invierno eterno
donde se ocultan enemigos y traidores
Voy a sumarme a la masa, a cumplir un rol
a poner el poto a la jeringa
el cascabel al gato  el pecho a las balas
a poner mis dos ojos en la mira de los desalmados
mi mala cara, a eso de los "tiempos mejores"
Sí señores, estoy de vuelta
I'm back, Je suis de retour
Afirmarte cabrito
Voy por ti Sara Connors
Voy por ti piraña de mar muerto
Voy por todos ustedes cafiches del E°
Sí, identifíquenme, pasen el scanner de reconocimiento facial
deténganme en las estaciones, en las plazas

Si quieren esclavizarme, ¡Jamás lo podrán lograr![9]

Toda revolución verdadera nace en Primavera
Entre el pueblo soy como un pez en el agua
y en las grandes avenidas
me pierdo entre las mujeres
y los hombres libres.

---

9    Referencia a un fragmento de la Cantata Santa María de Quilapayún

Ya estamos en viaje, Santiago amado
hemos comenzado el peregrinaje

Aguante Asambleas, Cabildos, Conversatorios
de allá somos, aceptaremos todas las invitaciones

¡Aguante Poder Constituyente!

Jinete Negro va viajando desde la montaña pehuenche
en su corcel blanco, evadiendo peajes
atraído por la luz del Ser que se alza, el dios Pueblo
que ahora es fémina empoderada nacida de la mujer tierra
la matriarca que se realiza en la destrucción creativa

Aguante el popolo la prepotenza del padrone

No a la masacre No a la agresión neoliberalizada

Acá venimos apañando con lo que se deba, aunque no se pueda.
Pero que nadie se equivoque
los iluminados iluminatis recibieron sobre azul en Octubre
aquí venimos a decir lo que aquí ya se ha dicho
a entonar un coro, a reberverar, a ser una entre pares
el que le dice a los ricos: se quedaron solos,
que las Gates están abiertas para sus aposentos en Miami,
porque si se quedan en sus tres comunas
los aislaremos, les cortaremos la sal y el agua
serán - ya son - un getto, sin patria ni matria

¡mejor váyanse a sus paraísos fiscales!
les llegarán más rápido sus compras originales
los vinos importados y los trajes armani
las carteras guchi, los perfumes prada

O si se quedan, solo deben compartir algunos conceptos
como los de igualdad, cooperación, respeto, inclusión
nacionalización de nuestros bienes comunes
que ahora volverán a ser comunes
como verán, no es para tanto...

Una cosa es segura
Seremos implacables en la batalla,
pero respetuosos en la victoria
porque nosotras y nosotros
estamos motivados
por un profundo sentimiento de amor
al otre.

Aguante pueblo unido, aguante Asamblea
a levantar el Poder Constituyente
a dialogar con el habla,
a luchar con las manos,
a brindar con el alma.

Pues bien, iremos a las asambleas,
sí señor, a entregar el link,
a compartir las buenas nuevas
a vincularnos con otras iguales,
que están cantando en el mismo tono
vibrando en el mismo espacio
y respirando en el mismo aire.

Iremos a comunicar el enlace
de las asambleas virtuales
todo Chile on line
y todo Chile en plazas, foros y calles
inaugurando el ciberespacio deliberativo
ejerciendo el derecho a la ciudadanía
creando poder constituyente
una voz, un voto
democracia directa, esa es la movida
colectivos, clubes, organizaciones
juntas de vecinos, grupos de toda clase
instituciones, organismos, ¡nadie se resta!
a generar el hito significativo, el momento culmine,
el símbolo que da inicio
de la Nueva República.

Estamos en Asamblea permanente.
Movilizados en las calles,
exigiendo el fin de la dictadura neoliberal
y el alto a la masacre.

¡Aguante Asamblea Constituyente!
¡Aguante Chile y Nación Mapuche!

Aquí Baronti, reportándose.

Luego iremos a los cuarteles,
a sus casas y sus poblaciones
a sus perfiles Instagram
iremos a decirles, a explicarles
con serena firmeza y fémina energía
que no existe tal guerra
que no hay ideología foránea
o un otro país manipulando
que no somos sus enemigos
que es la oportunidad de reconciliarse
con la vida, con la historia,
con el pueblo que los vio nacer
y con la tierra que los recibirá
cuando tengan que descansar sus huesos
Iremos a decirles que la guerra fría terminó
y esos - los pitucos - siguieron con la parafernalia
el discursito, el manual de piñero,
la doctrina trasnochada
las frases esas, repetitivas,
que lavan el cerebro y ensucian el alma
______¡Soldado!
______Qué no te engañen,
______toma tu decisión junto a la tropa,
______es el reto lo que le da sentido a la vida
Sí señor, les diremos:
que los enemigos son los que roban nuestras arcas
los que quieren mantener privilegios y jerarquías
los que nunca respetaron la antigüedad en los cargos
los que se cuadran frente al dinero
los que se levantan a la orden de un señor
que se frota las manos a 10 mil kms de distancia
nuestro enemigo es la pobreza, la injusticia,
la discriminación, la avaricia, el mal trato
          ¿Te apuntas para esa guerra?
Soldado, decide lo que quieres ser:
un miembro del Ejército de Chile
o el brazo armado de la oligarquía.
Soldado, pregúntate
porqué un cabo no puede llegar a ser general
Soldado, pregúntate      ¿Quién es la patria?
¡Soldado! RESPONDA:   ¡QUIÉN ES LA PATRIA!

Durante el golpe del salto de conciencia,
todos los dolores se expanden,
florecen, se expresan
y se transforman,

y tú eres expresión del mundo.

Te amo,

porque eres la conexión de tu sentir,
con el sentimiento sufriente del mundo.

Sabis piraña...
vo no soy presi, soy presidiario   loko
y entero agilao tonto y la conchetumare
Piraña e pozo séptico, longi al cuete
cuando te vea te voy a rayarte el paño
Eri puro picao a choro chancho culiao
andai robando pa puro tener a la ebria tapiza en joia
rechuchaetumare, detonao mula
te crei ascurrio y soy entero aweonao
anda a laar te la raja

vay a volver a la cana y aqui te vamo a darte
igual te gusta el arrollao de vena flaite y la ctm…

Oe koshino eri terrible e`sacowea

Andai con el jordan en el aro,
con las evaciones de los cauros

metete el metro por la raja
ENTERO PERKIN!!!

Y AQUÍ ESTAMOS,
ESPERANDO LA ORDEN DEL PUEBLO
PARA SALIR A FORMAR LA PRIMERA LÍNEA.
si señoras y señores
NO ME VERÁN LLEGAR
NO VERÁN CUANDO ME VAYA
SERÉ COMO LA NOCHE OSCURA
QUE CAE SIN AVISO, INEXORABLE...
UN FANTASMA, QUE EMERGE
EN EL CENTRO Y EN LAS INMEDIACIONES...
QUE ATACA COMO DEFIENDE
QUE PROTEGE AL DÉBIL
y carcome, carcome, carcome...
LOS CIMIENTOS DEL PODER!!!

Tengo toda esperanza puesta en Kepler 452b
En su año de 385 días
En su sol 10% más grande que el de Tierra
y 20% más brillante

Tengo la esperanza que los 1400 millones de años más viejo,
pueda ser la diferencia
que nos falta
para estar mejor preparados

Sé que 1400 años luz de distancia
hasta la constelación Cygnus
es un buen rato
viajando

Tengo mucha esperanza de que al conocer su masa
podamos saber si es rocoso o metálico
para ver si la fuerza de gravedad nos permitiría
caminar en él.

Tengo toda esperanza puesta
en ese planeta tan parecido a la Tierra.

La foto de Allende acribillado
La mentira de las torres gemelas
Las críticas al milicogate
El fusilamiento de García Lorca
El hallazgo de vida en la constelación de Orión
El misterio de las pirámides
La marcha de los estudiantes
El meme de Quenita Larraín
La victoria del Colo
La derrota de la U
El segundo lugar de la UC
La quema del camión en la Araucanía
La represión en Temo-Cuicui
La nueva ley mordaza
que modifica la antigua ley mordaza
La receta que cura la diabetes
limpia el hígado   recupera riñones
La dieta de los monjes tibetanos
La selfie con la guagua recién nacida
El viaje a Cancún que este año tuvimos
gracias a los puntos acumulados.
El comentario spam del hacker que la supo hacer
El epitafio por el ser que ya falleció.
Mi mas sentido pésame, amigo.

    Los pacos siguen acarreando gente en las calles.
Esta vez son profesores.
La presidenta defiende a políticos y empresarios.
Manuel García promociona su espléndido recital en el Caupolicán.
La selección preparándose para un nuevo desafío.
Una vez más, los jóvenes de pobla dando la cara.
Emergencia ambiental por tanto expendio de contaminantes
con permiso de expender.
La ciudad fría, que puede mostrar un par de edificios
que sobrepasan la línea divisoria
entre el gris y el azul celeste.
Es un avance.
Santiago, de tantos extremos.
Mi vida y tu vida, esperando.
Mi cabeza en el límite de lo conmensurable.

2015

Hoy es 18 de septiembre.
Tengo una fonda en mi casa.
Claro que sin guirnaldas ni serpentinas
sin banderas sin chicha ni empanadas.
Escuchando música que no es chilena
Leyendo "Sobre verdad y mentira en sentido extramoral"
a propósito de un diálogo con el filósofo.
Mi hijo ve animé en la televisión de la pieza.
Mi gato no vuelve desde ayer, estoy preocupado
(por eso de los anticuchos de gato)

No estoy celebrando nada.
Tengo una fonda en mi casa.
Todo lo que me rodea llegó de otro lugar que no se llama Chile.
Hasta el formato de las noticias,
de las campañas de marketing
son de otro lugar.
No voy a salir a celebrar nada.
No voy a bailar cueca ni a comer carne asada.
No quiero hacer cola para tomar el ticket
para hacer cola y cobrar el ticket
Para luego sentarme en una mesa cerveza cristal
y comer el plato frío con una tibia coca cola light.

    Pagar estacionamiento, pagar estacionador
    pagar limpia parabrisas, pagar banderita,
    pagar entrada, pagar comida, pagar alcohol.
    pagar juegos mecánicos, pagar pista de baile
    pagar salida, pagar carretera concesionada.

Yo tengo una fonda en mi casa.
Todo lo que me rodea llegó de otro lugar que no se llama Chile.
Hoy es 18 de septiembre.
Por algún motivo que no entiendo
extraño otro país, otra fiesta, otra fonda, otra patria.

Estoy tomando cerveza negra
un pack de Escudo negra helada
de mi frigobar negro
tengo un tinto Santa Emiliana esperando para cuando llegue la noche
y una Cola para engañar mis ganas de seguir tomando vino.
Estoy fumando tabaco negro
entero vestido de negro
con una camisa negra Kotting
polera negra de Mossimo con orificios
un pantalón de buzo negro comprado en ropa usada americana
con mis botas negras de Donato D'Angelo
escuchando a Black Sabbath desde un vinilo
en tornamesa conectado a mi equipo Sony FH-E656
y me dispongo a pintar un cuadro
con un tono predominantemente negro
que saque a relucir el negro opaco
de los pensamientos que circulan en mi mente,
pensamientos relacionados con el odio a las inmobiliarias
con gerentes frotando sus manos blancas
por los paños de terreno que ahora tienen disponible
en nuestro amado Valparaíso
otrora lleno de colores.

Einstein tenía razón, todo es relativo
Todo depende del punto de vista.
Del canal de TV que observamos.
Del sitio web que abrimos.
De la radio que por casualidad escuchamos.

Todo es relativo.
Ahora no sabemos quien puso la bomba.
Nunca sabremos realmente quien puso la bomba.
Pudo ser un grupo anarquista hermético.
Pudo ser un grupo anarquista en red.
O un anarquista solitario.
O una pareja de anarquistas enamorados,
de esos que practican el veganismo y venden pan amasado.
O un anarquista manipulado por la agencia de gobierno
O un anarquista manipulado por una agencia no gubernamental
de esas que operan en la ilegalidad.
O un grupo anarquista infiltrado por un agente gubernamental
que mandó a poner la bomba a través de ellos.
O lisa y llanamente, un agente de una agencia gubernamental
que puso la bomba, amparado por la policía, por la PDI,
por el GOPE, por la ANI, por ex agentes de la CNI, o bien,
por agentes de la ANFA, de la DIPRECA o la DIPOLCAR,
por agentes de la FIFA, del FBI, de la CIA (Santiago office).
Vaya a saber uno a través de qué agencia.
Si es que fueron ellos.
Vaya a saber uno a través de qué célula animalista, ambientalista, taoísta...
Si es que fueron ellos.
Vaya a saber uno a través de qué aparato
político militar, militar político, partido político, entero político.
Tal vez fue un agente del SERNAC
quien ocupando todas sus facultades quiso denunciar una mala atención,
en aquel Juan Maestro, del subcentro Escuela Militar.
O tal vez un enviado especial de Bachelet, del segundo piso de La Moneda,
quien ocupando todas sus facultades quiso llamar la atención.
O tal vez un enviado de la SOFOFA
quien ocupando todas sus facultades quiso denunciar la falta de industrialización.
O tal vez un enviado de la ABIF (esa del señor Awad )
quien ocupando todas sus facultades quiso denunciar las tasas de interés
pero sería extraño, porque la habrían puesto en el Banco Central.
Lo más seguro que fue alguien de derecha, para promover la nueva ley represiva
que se tramita justo ahora en el Congreso.

Pero cómo podemos saberlo.
Si todo depende del punto de vista
del canal de TV que observamos
del sitio web que abrimos
de la radio que por casualidad escuchamos.

Einstein tenía razón, todo es relativo.
Se acabó eso de que "la historia es nuestra y la hacen los pueblos"
Comenzó esto de que "la historia es de ellos y la hacen los medios"
¿o no?

Estado del Art

¿Porqué no hay libros de poesía en las estanterías
de los supermarkets de Santiago de Chile?.
Tampoco en los hiper, tampoco en los expressmarkets.
Para qué hablar de los minimarkets.
O de los Essomarkets o Tigermarkets.

¿Porqué no hay libros de poesía en las góndolas destacadas
de las bookstores de Santiago de Chile?.
De los mall, multicenters, stores y nightstores
¡No hay!, ¡Ni siquiera en los outlets.!
¡No hay!, ¡Ni siquiera en los garage sales!

Sólo clasics y best sellers.
Sólo autores del stablishment
con merchandising
para el show business.

¿Es que ningún personero se dio cuenta de esto?
¿Se trata de un mismanagement?
¿Acaso no hay ningún ombudsman enterado?
¿Es un problema de governance?
¿Es un problema de la national Security?
¿Es una censura por reasons of State?
¿Acaso hoy ningún start up para esto?
¿No hay algún crowdfunding?
¿Que nada se está haciendo en Sanhattan?
¿Nadie se ocupa de esto en Chileconvalley?

!Dónde están los libros de poesía!
¡Oh my God!

Si he de morir
quiero hacerlo con mi barba recortada
mi pelo limpio y cepillado
mi casa ordenada
mis animales comidos
mis bienes repartidos
mi testamento escrito y publicado
en mi sitio web.

Si he de morir
quiero que sea luego de haber degustado
una tabla de quesos
un vino Cabernet Souvignon
y algunas fritangas, de esas dañinas.
Con un buen tabaco negro o rubio
ese que produce volutas de humo
intensas y juguetonas.

Quiero que sea luego de un fin de semana
revisando mi archivo digital
fotos, videos, objetos, artefactos
leyendo, mirando, recordando
tratando de entender mi paso por la vida.

Si he de morir
quiero dejar escrito,
explicarle a mi gente,
que solo busqué reconocimiento
que viví intensamente
que jamás cedí mis principios
abrazados de juventud.

Si he de morir
quiero que mis hijos lo asuman serenamente
ya que un hombre siempre debe evaluar
si está mejor muerto que vivo
la ecuación es bien simple.

Si he de morir
quiero hacerlo escuchando a Silvio.

Con "El claro de la luna", ¿tal vez?
y con el loop activado hasta el infinito.
Para iniciar el viaje a donde me lleve la energía
que mi alma desplegará
en una nueva dimensión
de la existencia

Hoy es día de sacar la funda del piano
ubicar en Youtube un buen concierto
                ¿que tal Keith Jarrett en Colonia?
preparar uno de esos porros magníficos @%THC
el necesario Cabernet
y las birras para el remate.

Preparar el escritorio del PC (Personal Computer)
con las ventanas necesarias para
crear, investigar, traducir, corregir, conjugar
                todas esas acciones al mismo tiempo
poesía, antipoesía, prosa, antiprosa
                todos los géneros al mismo tiempo

diccionario de la RAE
Wikipedia
Google Search Advanced
y el software adecuado para
escribir
diseñar
cantar
dibujar
editar
intervenir el concierto
con mis propias variaciones
acompañamientos magníficos

                sentarme nuevamente a escribir
                cantar
                declamar
                aullar
                vomitar
                sobre la funda
                del piano
y luego sobre toda la tecnología
y luego sobre toda la poesía
emanada espontáneamente
aleatoriamente
casualmente.

¿Y ahora qué hago?[10]

¿Y ahora qué hago?
Si vibro en inglés
sueño en francés
pienso en italiano
lucho en catalán.
Y mi biografía rechaza el colonialismo
de las europas.

¿Y ahora qué hago?
Viviendo en el sexto continente
que aún me sustenta
entre mis pensamientos     insoportables.

¡No tengo una sola viga que aguante mi peso!
Mi calibre 22 ¡no me va a matar!
Ahora solo soy un offman.
Me reconozco en la nada
en la pérdida parcial o total
en la insuficiencia crónica.
Ya soy solo una colilla after sex.

¡Apocalipsis!
        ¡Perdiste la oportunidad!
        ¡Ahora estás solo!
        Volviste a ser el solitario
        de la montaña erosionada.

Tengo a todo el mundo encima,
se me vino
y ahora me ahogo en su semen
civilizatorio.

Quiero dejar de sangrar por los orificios de mis muelas
Quién dijo que el mundo es la única opción
¡Que no todo estaba perdido!

Las mineras con sus relaves.
Nubes tóxicas deambulando.

------

10  Inspirado en la canción Apocalypse, de Cigarrettes after Sex.

El Museo de la Amnesia.
Mi Leika mirándome con ojos angustiados.
El todo cepillando mi corazón.
¿Porqué no tengo una de Tequila,
que me lleve al otro lado de la indiferencia?

(Attention à la marche en descendant du train)

        "Tengo la música en ti cariño, dime ¿por qué?"
        Cuando estés completamente sola, llegaré a ti

Las bolsas de trabajo están en el mar,
en islas flotantes contaminantes
Te amo tanto, te amo más que a mi vida
y ya no doy más...
Y el loop está activado
reverberando en mi conciencia extraviada
Y tú allá, persiguiendo mimos vestidos de quimeras
Y yo aquí, diluyéndome en la nada

Ahora soy solo un offman,
un outsider al otro lado del side.
Tus labios, mis labios, apocalipsis
Tus labios, mis labios, apocalipsis
¡El derrumbe civilizatorio!
Amor imposible
Vida imposible
Y  no te puedo decir adiós.
No puedo.
Tu piel hierba mojada
El amor de mi vida
Lo mejor de mi vida.
¡Mierda!
Abrir el gas,
pero se va por tanto orificio de esta ruca
Temblando en tus manos
sin ayer, sin mañana.
Tu espalda. Tus nalgas.
Tu cuerpo tendido en la cama apocalíptica
con la cortina de elefantes decorativos

Your lips, my lips, apocalypse
Tes lèvres, mes lèvres, l'apocalypse
Le tue labbra, le mie labbra, l'apocalisse
Els teus llavis, els meus llavis, apocalipsis

El sol que llega a las dos de la tarde
A las tres de la tarde
A las cuatro de la tarde
La lluvia que nos moja
Barcelona a París por 22 Eu
París a Barcelona por 18 Eu
MENTIRA… PURAS MENTIRAS
puros sueños, pura mierda...
Estás mas lejos que nunca
pero tan cerca, dios mio.
Aviones low cost estrellándose en el pavimento
de las plazas
de los edificios góticos
de los arcos de triunfo.
De los monumentos, de las piletas con agua

(Attention à la marche en descendant du train)

    ¡Perdiste la oportunidad!
    ¡Ahora estás solo!
    Volviste a ser el extraño
    que carga una segunda bandera estelada.

Te odio. Te amo.
Te amo. Te odio.
Tus labios. Mis labios. Risas. Besos. Palabras de amor.
Garbanzos riojanos. Patatas bravas.
Tabaco Pueblo Made in Germany.
Cartas. Dominó. Cartas. Dominó.
Un euro el juego.
Me debes la vida. Te debo la vida.
El perfume Hugo Boss.
Nuestros cuerpos en la fiesta bailable.
Te amo. Te amo. Te amo. Te amo.
Miénteme. Jamás te abandonaré.
Miénteme. ¡Jamás te abandonaré!
Your lips, my lips, apocalypse.

Pero no quiero vivir sin ti.
No puedo vivir sin ti.
¿Y ahora qué hago?
¿Y ahora qué hago?
¿Y ahora qué?
¡Me dejaste en visto!
No puedo vivir sin ti. No quiero vivir sin ti.
Vino de tercera en botella cortante
Líquido evaporado azul refrigerante
vigas de pino radiata con nudos y orificios
cordeles de plástico que rebanan y queman
sillas que no caen
piernas que no quedan colgando
Your lips, my lips, apocalypse
Y no puedo vivir sin ti.
No quiero vivir sin ti.
Y no te puedo decir adiós
no te puedo decir adiós.

Odio esta primavera que llega en tu ausencia.
Los árboles floridos son repulsivos.
Las estrellas se ven ridículas
junto a la Luna menguante.
Y no quiero volver a la cama
solo, frente a la maldita TV.
Y no quiero conciliar el sueño
solo, frente a mi recuerdo
con tu alma en mi alma
con tus dedos imaginarios
tocando mis labios imaginarios
con tu risa y tu aliento imaginarios
pegados a mi esencia imaginaria
te estoy amando.
Te estoy amando
te estoy amando.
Mientras vivo
Mientras sueño
Mientras muero

Soñar con el tiempo citadino.
Las aventuras de antaño en la urbe romántica.
La belle époque en el Bella Época.
El museo majestuoso.
El poema declamado sobre el puente.
Caminar sobre adoquines mojados.
El neón reflejado en la risa.

(La guerra de arroz. El Hunan impactando tu espalda.
Nuestras carcajadas. Los chinos enojados).

El beso que enciende una alarma.
La acción de arte en el bar olvidado...
Y de pronto despertar - en medio del bosque -
con el audio de una sinfonía de aves
y el mundo empavonado por la niebla,
haciéndose cómplices de mi sueño.

La nostalgia artera
produciendo una emboscada.

Desconfío de los políticos que son entrevistados
pero hablan a la cámara sin mirar al periodista
y de quienes repiten varias veces el encabezado de una frase
con discursos aprendidos de memoria, escritos por un asesor lobista...
Desconfío de los que ya saben perfectamente cómo usar las manos
para reforzar su discurso en cámara... hicieron un curso...
"Técnico especializado en oratoria y disuasión"
De los que incluyen con frecuencia palabras como
democracia futuro cambio unidad
o de quienes muestran una sonrisa eterna,
incluso cuando hablan de lo malo
y de quienes se presentan como si lo supieran todo,
"la palabra precisa la sonrisa perfecta"
y tuvieran los temas resueltos, los "salvatore adamo"...
iluminados iluminatis próceres caudillos preclaros estadistas

Desconfío de esos políticos, hombres, mujeres y en el closet...
que cambian sus modales, su manera de caminar, hasta sus ideales,
por un voto efímero pero efectivo... acomodándose al target, al nicho,
al segmento del mercado... ahí ponen la cuña, el acento…

Desconfío de quienes enumeran una lista de ciudades y pueblos
que han "recientemente visitado"...
y que citan a una tal "señora Juanita" que "lo está pasando mal"...
con libretos preparados para "lograr cercanía"... mostrarse humanos
Porque esos son los que prometen pero no cumplen
con programas con letra chica, temáticas con puntos suspensivos...
redacciones con dobles lecturas, sentencias implícitas...
programas de gobierno que pasan piola…

Porque esos son los que venden la pescá...
Los que se desdicen, se dan la vuelta olímpica...
los que traicionan a pito de na, a la primera de cambio...
y te dan el golpe en la espalda por eso de la medida de lo posible,
por una supuesta unidad, o por razones de Estado...
Siempre tienen motivos para justificar un camino bifurcado
apoyándose en una masa ingenua que confía hasta el final

Desconfío de políticos que gustan de clientes cautivos, fidelizados...
que construyen su proyecto con un Scrabble

entre cuatro paredes, de una cocina
y asumen la necesaria tranza, y el CVA (Cómo Voy Ahí)
y a eso le llaman gobernabilidad...
de quienes repiten lo mismo que el "aliado táctico"
para confundir, y sacar ventaja con marketing

De los que dicen "en política" o "esto es sin llorar"...
De los que siguen la "carrera política"
y asumen "representar a la gente" como un deporte,
su empresa su emprendimiento, su manera de prosperar

Desconfío, porque la historia ha demostrado
que son los primeros en coludirse
en bajarse los pantalones abrirse de patas besar traseros
al tiempo que te ponen el pico en el ojo

Desconfío de los políticos que administran sueños y aspiraciones
para su propio beneficio, y el de su "lote"
De los que abandonaron toda causa
y asumen una moral y ética instrumental
De los que gustan de la "postverdad", los escenarios "líquidos",
el "win win" las "fake news"
y se justifican con estadísticas engañosas, y encuestas manipuladas
para decir que "estamos mejorando"
cuando hasta sus propios electores
viven y siguen viviendo hundidos en el fango

Desconfío de los políticos que nunca escucharon a Serrat
quien dijo - en 1992 - que "la vida sin utopías
es un largo y aburrido ensayo general para la muerte"

PARTE II

Sí confío en personas que hacen política.
En la dueña de casa que sale a la calle a cacerolear
En los niños que protestan en la plaza, con juegos y cantos
En los jóvenes que hacen barricadas para hacerse notar
En los que hacen huelgas y paros
escriben consignas en los muros,
y también, en los que hacen discursos nobles
en algún parlamento

Los que ejercen ciudadanía de la forma que han podido lograr
ocupando espacios diversos, no siempre ideales
pero no se callan, porque expresan necesidades
compartidas, colectivas, sentidas

Confío en las personas que son elegidas en una reunión
en una asamblea
y que son voceros de una causa, de una acción colectiva
que no se apartan de un mandato
y suscriben eso de "mandar obedeciendo"
y en algo que se llama Poder Popular
y que ocupan cargos, claro está
pero rinden cuentas, y no se eternizan en ellos
porque un día alguien debe ser vocero
y luego volver a su casa

Confío en los políticos que rechazan a la "clase política"
porque digámoslo: casta que hereda cargos
de generación en generación
y hacen de la política una profesión
el abuelo el padre el hijo el nieto, toman la posta
porque es lo que saben hacer, cosa de familia dirán...
porque crecieron en un modelo
de una pseudo democracia "representativa"
con técnicas y tecnología que crearon para gobernar

Confío en los políticos que se la juegan por un sueño
abrazan una utopía, transparente,
que es compartida por muches
y que hacen su mejor esfuerzo por realizar
y que son capaces de rectificar el rumbo
cuando su comunidad y las circunstancias lo exigen
Porque el mundo no es estático, ni sempiterno
todo cambia, el sentido común cambia
y lo que ayer era plausible hoy ya no.

Porque así es la vida
y así avanzamos hacia mejor

¡He dicho, queridos conciudadanos!

Fue en cuestión de minutos.
Ella comenzó a seguirme.
Le pedí amistad.
Aceptó.
Revisé su perfil.
Inmediatamente le propuse matrimonio.
Ella me dio el Like.
Abrimos un chat...
y descubrí que era una campaña de marketing.

Ser joven y no ser artista,
es una falla del sistema

Primero quise liberarme de las obligaciones.
Y lo hice.
Luego quise liberarme del trabajo.
Y lo hice.
Después quise liberarme de la ciudad neoliberal.
Y lo hice.
Ahora debo liberarme de mis vicios.

En eso estoy,
pero no prometo nada.

Hiberno.


Sueño despierto.

Sueño dormido.

Vivo soñando.

Sueño viviendo.

Habito el no tiempo.

Estoy perdido en el recuerdo.

Estoy perdido en el silencio.

Si volviera a ser joven viviendo en la ciudad,
haría algunas cosas que dejé pendientes,
como correr de madrugada desnudo por la Alameda.
Pintaría la ropa bronceada de alguna estatua.
Corbata de puntos rojos. Chaqueta a rayas.
Jugaría a lanzar comida
desde la terraza de un restaurante de moda.
Consultaría la hora en alemán o en ruso.
Me haría pasar por hombre de negro, en la plaza Panamá.
Leería un poema a un transeúnte distraído.
Visitaría más comisarías en calidad de detenido
por sospechar de la autoridad.
Haría el amor en algún pasaje patrimonial.
Vendería tarjetas falsificadas de Basquiat,
hasta encontrar a un Warhol ignorante con espíritu emprendedor.
Me arrancaría con un carro de supermercado
para lanzarme por alguna pendiente.
Rayaría algún muro céntrico
una frase ilegible.

Si volviera a vivir en la ciudad haría unas buenas locuras,
como ingresar a eventos con una falsificada credencial de prensa
de la "Agencia Marka" "de Italia".
Haría perro muerto en un restaurante, para dar vuelta a la plaza
y luego sentarme en uno contiguo, haciéndome el leso.
Me colgaría del tv cable, y después pondría un reclamo porque se ve mal.
Me comería un completo de una sola mascada en un puesto de comida rápida.
Dejaría estacionada una camioneta Nissan para jamás volver por ella.
Me quedaría dormido al volante, en mitad de la calle Eliodoro Yáñez,
para despertar rodeado de carabineros riéndose del perla.
Haría un gran rayado en un muro del Estadio Nacional, un 30 de octubre.
Arrendaría un local del Persa Bío Bío para promocionar el Software Libre.
Chocaría de frente contra una barrera en un escarabajo alemán 1962
para luego pedirle a los mirones que me ayuden a voltearlo, y seguir mi camino.
Fundaría una universidad libre, una universidad "que no reconozca al Estado".
Haría el amor en un puente del Mapocho, susurrando al oído de mi acompañante
que lo construyó mi tatarabuelo.
Pintaría yo solo un lienzo de 22 metros de largo.
Iría al Santa Lucía a leer en voz alta el Quijote de la Mancha, en castellano antiguo,
mirando con ojos fijos y desorbitados a los paseantes.
Ingresaría a ver Carry por la puerta de escape del cine Rex.
Saldría a pedir limosna para comprar láminas y completar el álbum en un solo día.
Subiría a la azotea de un edificio alto para lanzar cientos de aviones de papel.
Robaría un buque manisero estacionado en Dieciocho con Alameda.
Saldría a caminar para escuchar a los charlatanes:
"un pomito le vale 300, dos pomitos le valen quinientos.
Y lo deja loco, loco. Siguiendo fielmente la línea original del pantógrafo" ...
Si volviera a vivir en la ciudad saltaría insistentemente en las faldas de mi mami,
diciéndole repetidamente: mamá yo quiero un helado,
mamá yo quiero un helado,
mamá yo quiero un helado.

Así te queremos. Fémina.
Con tus pechos al viento.
Heridas expuestas, cicatrizando por tus propios besos.
Tus lágrimas como metralla.
Tu género pintado de lucha, convirtiéndote en monumento.
Te queremos perfectamente imperfecta,
como nuestras madres, como nuestra Luna, como nuestra esencia.
Así te queremos. Hembra.
Pintando con sangre menstrual todos los muros patrios.
Gritando como en un parto, hasta remover todos los cimientos.
¡Dos mil años!. ¡Tanta paciencia!...
Ya eres mayo, mujer.
Ya eres poder.
Ahora solo te queda dar a luz
un nuevo tiempo.

Primavera.
Eres pura primavera.
Eres los primeros rayos del sol que aparecen tras la montaña.
Eres una cipresa en flor, en pleno rocío matinal
que emociona el despertar de los sentidos.
Un cóndor en lo más alto.
Tus pechos hinchados de fuego.
Un orgasmo sin premeditación ni alevosía.
El éxtasis de nuestras miradas
encontrándose en algún infinito.
Eres el amor que nace en primavera,
sin verbo ni sustantivo.
El verde mimetizado que ampara a nuestro huemul perdido.
Pureza del agua que baja en el primer deshielo...
Danzas.
Mientras el ocaso acuarelado te mira enamorado,
cuando levantas los brazos agradeciendo a la vida.

VOLVER A LA CONCHA DE LA MADRE

¿Y si vuelvo al punto de partida?
Ahí, cuando todo se inició
un 6 de noviembre de 1964.
Quise ahogarme en líquido amniótico
resistiéndome
Y por esta mierda de biología
fui expulsado,
contra mi voluntad
mis deseos
mi intuición
siempre supe lo que vendría
Y fui feliz, es cierto
a ratos...
Pero sufrí y lloré gran parte del tiempo
que ahora recuerdo
o estos últimos 56 años, digamos.
Y lo pasé bien, de verdad
muy bien
pero hubiera preferido
quedarme nadando en ese océano
como un pirigüín nonato
Todo se inició un día de noviembre
nunca quise ser algo más
que un pirigüín nonato
porque siempre supe lo que vendría
y me arrepiento de no resistir más
haber detenido los latidos
aguantar la respiración
en esa sala de partos
darle la pasada a un otro u otra
con deseos de venir a probar suerte
decir "paso"
como en una mano de póker

Si te dieran a elegir, ahora mismo,
 volver a tu punto de partida
o continuar con tu actual vida...
¿qué harías?

HAY QUE PURO VOTAR

Hay que ir a votar, hay que votar
hay que levantarse, e ir a votar
hay que legitimar
por la izquierda
por el pueblo
por los presos por luchar
hay que votar
el mundo nos observa
no podemos fallar
hay que dar señales
y votar por Jadue
o por el  Boris
pero, hay que ir a votar
hay que mostrar conciencia política
como la tienen los fachas
hay que preparar un buen almuerzo
y luego ir a votar
hay que descorchar un algo
después de ir a votar
Prepárate, lustra tus zapatos
si no tienes pasta, hazlo con un pollo
o ponte zapatillas, que andan más rápido
y ponte un polar sin mangas
o que la manga sea los que pudiste convocar
que no te pille el conteo diciendo
debí ir a votar
que no te pille el conteo diciendo
¡puta la wea!
tú importas, tú influyes
juntos somos miles
juntas somos millones
tu voto vale agua, vale glaciares
vale ecosistemas, litio, cobre
vale memoria, estallido,
vale ojos, flores, vale historia
vale una nueva Constitución...
ya lo dijo el che
"levántate y anda",
ya lo dijo Bolaño
"lánzate a los caminos"

(los caminos que llevan al local de votación)
que puedes confirmar en el servel
decimos nosotras y nosotros,
sin miedo, con decisión
sin pena, pero con gloria
sin rabia, pero enojadue
juégatela, apaña, asume, aperra
con serena firmeza
como lo dijo el chicho
¡hazlo! ¡haslo! o ¡aslo!
¡hagámoslo! o haguemoslo...
y lleva a tu match, a tu crush, a tu pierno,
al vecino aweonao, a la eñora del almacén...
a tu papi, a tu abue, a tu tío,
¡al que tenga un puto carné!
A todo aquel que tenga derecho
y a todo aquel que tenga el deber

(por tu derecho a voto sacrifique mi vida CTM)

Andá a votar...
con espíritu árabe
con razón judía
con mística india
con disciplina europea
con paciencia oriental
Con alma mapuche
con fuerza chilena
con chispeza

lleva una zafrada, si hace frío
una petaca, si te tiembla la mano
lo bueno es que en esta primaria
gane quien gane seremos ganadores
si somos muchas, muchos y muches
¡que los derechas se vayan a la playa!
que los derechas prefieran la peli, la cama,
la transmisión sesgada de la tv...
que los derechas se embriaguen en el asado
les dentre la pálida
se les eche la yegua
les de paja

les venga el bajón...
Nosotres vamos a votar
a marcar una sola raya
en un solo nombre
en un solo voto
que vale un Chile nuevo
que vale un Chile digno,
que vale el inicio del futuro

<------ ✄ ✄ ✄ ✄ ✄ ✄ ✄ ----->
## TORMENTA DE IDEAS de porqué voto Jadue
<------ ✄ ✄ ✄ ✄ ✄ ✄ ✄ ---→

Voto por Jadue, por que soy libre, y cada cuatro años decido mi voto, sin presiones
y el día que sea anticomunista tendré que asumir que soy una especie rara de zurdo
facho.
Voto por Jadue, porque ha tenido la inteligencia de hackear el sistema,
demostrando que otro país es posible, con otro gobierno posible,
sin alardear de un "global reset" ni vociferar con esto de la "Revolution".
Voto por Jadue porque es uno de los pocos que ha promovido el conocimiento libre
con la locura del sociólogo y la femineidad del arquitecto.
Y porque es árabe, igual que una mujer que amé y que no me pescó ni en bajada...
y porque es el único que no ha traicionado a la patria, que es América

Voto por él, porque no es ni mal menor ni bien mayor, si no todo lo contrario...
y para campañas del terror, prefiero Netflix o Amazon Prime Vídeo
Porque entendí que con un voto puedo concursar, y al final del día comprobar si he
ganado,
y las probabilidades son mucho mas altas que las de un cartón de kino.

Por que quiero vivir en un país que asegure medio litro de vino por cabeza,
o sea ¡quiero mi litro!
Porque nunca más habrá desabastecimiento ni colas,
porque tendremos Delivery Popular
Voto por Jadue, porque sacará ronchas a mi hermano
pero seguro me reencontraré con él, la noche de la victoria,
en la sede de un comando unitario

Porque quiero cantar y bailar el Bella Ciao,
en honor a todos los labradores, peones y proletarios
Por que quiero leer los titulares de la prensa mundial, al día siguiente
y pasear a mi perro por los quioscos, meando las portadas de El Mercurio

Porque quiero ir a Plaza Dignidad a cantar la Internacional,
como lo hicimos con Lemebel, y sus yeguapeladas, en plena dictadura
Porque en mi taller las únicas herramientas que han durado son una hoz y un martillo
Porque a la humanidad le quedan pocos años y no hay tiempo para revoluciones
perfectas ni caos rebuscados
Porque al día siguiente del triunfo, caerá la bolsa,
pero a los pocos días se recuperará y todo seguirá igual, hasta que la reventemos.
Porque también me invitaron a arrepentirme, y ¡a tanta mierda!...

y rechacé la invitación, sorry, soy zurdo...  wherever
Porque si no voto por Jadue ¡será sospechosa la wea!
Porque ser joven y no ser revolucionario es ser... (complete la oración)...
¿del FA?... uyyy, no lo dije yo.... (igual los queremos, cabres)
Porque quiero cárceles vacías y ollas llenas
y recuperar el país secuestrado por bandas neoliberales delictivas
Porque quiero mi cien por ciento... pescar todos esos billetes
y mostrarlos sobre la cama, en Tik Tok, escuchando a Inti Illimani.
Porque quiero exportar esta revolución a Estados Unidos
Porque me gustaría una selfy de la gente del Departamento de Estado,
después de finalizado el conteo
Y enviarle los resultados a Kiss.inger, en una cajita feliz,
con un detonador conectado a un smartphone hecho en Chile
Porque esta vez se trata de cambiar a un presidente
en un Chile maduro y con un pueblo bien diferente
Porque si el pueblo unido jamás será vencido,
entonces también puede ganar elecciones.
Porque una nueva constitución merece nacer en un gobierno de parkas rojas,
pero sin mangas
Porque la refundación de Chile se inicia con un gobierno del popolo
Porque Jadue es el único que garantiza gobernabilidad post estallido,
y no es chiste
Porque ahora de viejo me siento comunista,
pero escucho a la compañera Spears, mientras leo los Grundrisse
Porque con los años terminé aceptando el gradualismo
la manía de honrar acuerdos y cumplir compromisos
la mesura insoportable, y ese trabajo exasperante de hormiga
Voto por Jadue porque su triunfo me dará ánimo para seguir viviendo
y quiero vivir, porque quiero seguir recordando a los que se fueron
(los comunistas de alma seguimos amando en el recuerdo)

Porque yo lo conocí, y no recordaba...
en una charla de estudiantes palestinos, el 89...
Y luego lo volví a ver, muchas veces...
lo vi en Gaza, levantándose de entre los escombros
en cementerios, besando fosas no identificadas
en el desierto, con "una pala y un sombrero"
y en mar adentro, creando islas de flores
Lo vi en El otro país, cantando a la Mercedes,
en otra plaza digna latinoamericana.

Voto por Jadue a pesar de que es un rabanito
y de que odio el color amaranto,
pero la voz de Irací me alegra el alma y la sonrisa de Karol me da confianza
Voto por Jadue ¡Porque puedo!
Porque me tomé la pastilla roja
Porque es de mi generación
Porque debo sentar cabeza
Porque yo era anticomunista, y Fidel me salvó…
Porque no tengo nada que perder, ni siquiera cadenas
Porque es un candidato padrísimo, de pelos, que mola,
que banca, que aperra, que apaña...
Porque no quiero defraudar a Silvio
Porque mi nombre es Hugo
Porque Lenin da Trotsky niet
Porque tal vez me encuentre con el Papiro
Porque le debo un voto a Gladys, un poema a Neruda
Porque el día del triunfo Violeta se arrepentirá de haber partido
y seguro Víctor estará abrazándose en su tumba
Porque elegir a Jadue será la guinda de la torta,
de la que habrá rebanadas para la gente de a pie y para todo hijo de vecino
Voto por Jadue "por si las moscas"
Porque se siente, se siente, Piñera en el presidio y Jadue presidente
Porque Jadue tiene 5 letras... el número del cambio y el movimiento.
Porque Daniel es el nombre de mi padre biológico, al que nunca conocí...
menos mal, dicen era un pelmazo.
Voto por Jadue porque el primer día firmará el decreto
por la libertad de nuestros presos
y luego saldrá a marchar besando cuencas de rostros combativos
Porque quiero que una vez en el cargo
le exija a España un perdón oficial por el exterminio
y al Vaticano, por la quema de historia, códices y manuscritos.
Porque quiero ver flamear la Wenufoye y la Wiphala, en un Patio de los Canelos
Porque de cada cual según sus capacidades, a cada cual según sus necesidades
Porque ser viejo y traicionar la historia es la muerte antes de tiempo
Porque a veces - en la vida - tienes que hacer lo correcto

Porque: إن يقين السبب هو الذي يحدد صحة النضال

Porque subiré al Huelén, para leer a Rodrigo Lira
coincidiendo con que el candidato no es nada de tonto

Porque brindaré - con tinto y empanadas - y tal vez le devuelva a esta tierra una lágrima, recordando al Che, a Miguel y al Compañero Allende

Por que no vine al mundo a ver como terminan las cosas, sino como comienzan
Porque a las finales, somos todos comunistas.

Y ahora todo parece igual que ayer
Estallido ex ante
Y ahora el futuro se ve incierto
el cielo se ha tornado gris
los caminos borrosos
el horizonte plagiado, con pigmentos edulcorantes
Ahora hay quienes se esmeran en crear expectativas
cumplir acuerdos, hacer lo correcto...
(ya lo sé, yo mismo lo dije...)

Hemos vuelvo a tomar café con esperma
intentando resucitar a Bukowski

    ¡Oye Hank, porqué no vienes a decir aquí
    lo que nosotros no hemos podido decir!

    "Somos el barco ebrio"[11]
    "El alma que no sabe donde se encuentra"[12]

    Y tú sentada ahí con tus pantalones rojos
    tu esbeltez, y tu corte estilo Alizée
    comiendo palomitas de maíz
    y consultando mensajes en el teléfono
    a cada minuto de cada hora

    ¡POR QUÉ ME VINISTE A VER!

Y ahora todo parece igual que ayer
el pasado revisitado,
los 30 pesos, los 30 años
el torniquete del metro de encaje negro
el futuro, sin trazas de optimismo
la fogata que ha dejado de humear...
la transición a la democracia, ¡y toda esa mierda!...

¡NO TE CREO!

Nos robaste el sueño, la vida
Nos robaste hasta las ganas de morir

---

11  Referencia al poema de Rimbaud
12  Verso de un poema de Huidobro "Los elegidos del sol"

La parafernalia repulsiva
la tecnología al servicio del mercado
los medios en campaña
los vacilantes tomándose el poder…

MIERDA, pura mierda…

Todo funcionaba cuando escuchábamos al pueblo rugir

Y ahora todo parece igual que ayer…

¡La violencia del pueblo no es violencia, es justicia"[13]
¿Qué fue lo que no entendiste?

Libera a nuestros presos, o verás desatada
la ira de Althusser o la de Gengis Kan…

    Pero volveremos, los desmangados
    los soñadores, los latinos sin Dios ni Ley
    rodilla en tierra, sangrante
    y una flor en el puño endurecido
    por la ternura que está ahí
    a la vuelta del mañana.

---

13  Frase de Eva Perón

La lluvia cae dura y persistente allá fuera
con un ruido que intenta penetrar la cabaña
"After the fire is gone" de Willie Nelson,
"A Song for You" (Live at Harrah's Casino, Lake Tahoe, NV 1978)
rellenando todo el ambiente interior
mientras la tele en mute muestra
a talibanes que abren fuego contra civiles...
cintas de peligro, el robo del minuto, cuasi aluviones,
las muertes pandémicas del último día,
Broadway que reabre tras 17 meses
la subasta del pañuelo de Messi...
Y yo, con una taza de té hasta el tope.
Nunca me gustó que en algunos lugares populares
como esos locales del costado del terminal,
        o en uno de los puestos del mercado central,
            en food trucks al paso, en noches de juerga,
                o en una feria de pulgas en el extramuro de la ciudad,
sirvieran el té con la taza colmada de agua...
lo encontraba "rasca", para decirlo con claridad
con el paso del tiempo descubrí que el té
se toma en abundancia
y bien necesario es eso de servirlo a tope...
de "lo rasca a lo necesario", para entibiar los huesos,
podríamos decir.
Así es nomás pues. El tiempo te enseña a vivir.
La lluvia te pone sensible
La música te hace escribir.

Debemos entender lo que se habla
Por el hablante mismo
Y por nosotros mismos que somos
Hablantes
Hay que ver
ver al que habla
y lo que hablan unos con otros.
Y hay que sacar el habla
Y lo que se habla de aquello que se habla
de suerte que la comunicación por medio del habla
hace en lo que dice patente así accesible al otro
aquello de que habla.
hablar (permitir ver)
el carácter de proferir sonidos, voces, vocablos, palabras.
significación puramente apofántica
permitir ver "algo - en - su - estar"
permitir ver - algo - como - algo
Eso es todo.
hablar del hablar hablado por hablantes que hablan de las cosas
habladas y por hablar.
Todo pasa por el discurso del hablante,
el hablante de las cosas que se deben hablar
por el hablante ese que cabalga en su corcel heroico
mohino y melancólico el mal ferido
hablador

y por allá yace ese
ese yace ya
yace allá ya
ayayai como yace
pero mira mira como yace
ese
ese labrador
ese tejedor
ese pastor callado.

Cuando ya no te quedan más textos originales que elucubrar,
y debes contentarte con las rememoranzas del robot de facebook,
que unos pocos amiguis se apiadan y saludan...

PERO TIENES ALGO QUE DECIR... Y EL PASADO HABLA POR TÍ...

¡sí! ¡es verdad! todo posteo anterior fue mejor,
cuando recibías likes y corazones...
ahora ya no queda ni un pelo largo,
todos parecen soldados...
Che sarà, che sarà, che sarà / Che sarà della mia vita chi lo sa?...
Sonata piano nº8 Do- Opus13
"Pathétique"
Adagio cantabile
andante - a la chucha
fuck you
¡fuck you!
¡FUCK YOU!

y SIN EMBARGO
aLL OF mE
aLL OF mE
aLL OF mE

EL SILENCIO DE LOS CULPABLES
apocalipsis

fuera de aquí los que no saben de lo que hablo
¡enronquecer!
ahuyentar a las bestias

¡¡¡ devuélvannos los ojos que cercenasteis !!!

oh, pobre de mi, ¡mísero de mí!
mi corazón se inflama
¿shakespeare o pericarditis?
viernes por la noche / sabato per la mattina
¿es esto lo que el autor llama la vida de un hombre?
caminar por los senderos de los sueños

"El agua se aprende por la sed;
la tierra, por los océanos atravesados;
el éxtasis, por la agonía.
La paz se revela por las batallas;
el amor, por el recuerdo de los que se fueron;
los pájaros, por la nieve."[14]

Y eso fue lo que me dijo, antes de irse
volveremos depués de una pausa
y las raíces - y las esculptures

Y aquí estamos, consternados y rabiosos[15]
proclamando verdades a los pies de cadalsos
advertidas en 2000, 2010, 2020... 2030
y contando
y el piano suena, el piano toca, el piano
sigue su marcha...
kiss the rain
kiss your hands
a kiss on the train stair

fuera de aquí los que no entienden lo que digo
nosotros solo quisimos bajar escaleras cantando
a besar las manos tiernas de una madre.

---

14  Emily Dickinson
15  Referencia a poema de Benedetti

Y ERA CIERTO

     Me decía que estaba loco...
     y en realidad, estaba enamorado de ella...

Volar... volar... recorrer cajones y valles expuestos,
atravesar nubes sin abrir los ojos,
sentir el aire húmedo de ese océano que llamamos troposfera,
planear desde lo alto hasta el fondo de acantilados,
zigzaguear entre glaciares, fiordos, islotes y mares interiores,
aterrizar en prados verdes perfectos,
para volver a alzar el vuelo, con más fuerza que antes...

     Me decía que estaba loco...
     y claro, algo de eso había...

soñar, soñar, con castillos con fosos y puentes levadizos,
ventanas con vitrales, mesas largas de madera tallada y chimeneas prendidas,
y cálices y porrones de barro con vino de la casa...

     Me decía que estaba loco...
     y era cierto, estaba loco por ella.

Y dejé de amarla, pero jamás recuperé la cordura.

Ahora me dedico a escribir de una gran variedad de temas.
En noches estrelladas pienso en ella.
Con ciertas canciones, vuelvo a sentir ese amor irracional.
Nunca entendió mi amor, jamás entendió mi locura.
Ahora trato de olvidarla,
escondido en la profundidad del bosque,
de la más lejana montaña.

     Estás perdido, me decía...
     y era evidente, estaba perdido en ella.

Pero seguí viviendo. No fue para nada difícil.
Ahora escribo que me busca y que me encuentra,
que me trata de besar,
y que yo la rechazo con un orgullo
que solo existe en la literatura.

Corte total de suministro eléctrico
sostenido ahora por mi reserva de Litio
Lluvia ensimismada lavando el dinero
de señorita naturaleza
planchas corridas mojando lo que no deben
humo de caño ingresando a los alveólos
escuchando Sinfonía Hipster
este día de domingo doce de septiembre
¿o setiembre?

      [Existe también la variante setiembre,
      pero en el "uso culto" se prefiere  septiembre.[16]]

      Los señores RAE ¿usarán pelucas blancas como los de La Haya?

Bosca a todo fuego
animales durmiendo abatidos
por el cansancio y el miedo
dos velas, como dos torres gemelas
univitelinas o monocigóticas
laviejalargaysecaquelecorrelamanteca, si señor
iluminando la soledad
y el espacio libre que deja la música

      ¿Podría alguien informar si tiene luz
      para tratar de identificar dónde comienza el corte?

Tatiana al otro lado del chat
informando de su depilación... ¿brasileña?
¡Jajajajaja!
Ese huevito quiere sal
¡Te las voy a dártelas!

Dame una galleta, me decía la negra
yo no entendía
cómo quiere comer ahora, pensaba
quería decir una nalgada...

---

16  Diccionario panhispánico de dudas. Real Academia Española

en fin, la oscuridad ilumina el apetito
en primaveras con cara de instintos cachondos

una de las gatas está en celo
la otra también, pero no tiene pinche que la pesque
¿y bosnia? ¿y Herzegovina?

se me va el Litio... me falta Litio...
seguro que ese es mi problema

[Hablar del déficit de litio suele asociarse con la causa de trastornos anímicos,
como la depresión o trastornos bipolares.[17]]

A todo esto
¿qué será de Julio Ponce Lerou?
a ese weón habría que entrar a pitearselo
[es un poema, señores censores]

ta bueno el join
me voy al sobre
a conversar con Pat Henry
y luego
a dormir
y ojalá encontrarme
con algún amor de antaño
de esos que quise seguir amando
pero por las cosas del destino
se interrumpió
sin tener idea de los motivos,
realmente.

---

17  unCOMO/Salud/Salud mental/La depresión/Medicamentos contra la depresión

Sueños eutanásicos
aborto post parto
velorio ex ante
muerte ex post
nunca conocí Bombay
pero chingué en el Parque Gorki
bajo la hoz y el martillo gigantes
con una bielorrusa que vivía en Kiev,
eran otros tiempos.
Mis dos canes duermen en mi cama
la prefieren
Stepan Bandera no es hermano de Antonio, ni su padre,
lo aclaro, Antonio es Banderas, y tiene ojeras
el otro tiene una Esvástica y en realidad se llama
Степан Андрійович Бандера
Y así estamos, al borde del colapso
con el aceite que sube
y la esperanza que baja
se viene el invierno seco
como el aguardiente que tomaré por las noches
mientras recuerdo la guerra fría
la OTAN y el Pacto de Varsovia
observando a mis canes
durmiendo patas parriba, inocentes
mientras espero la radiación térmica
la lluvia radioactiva y su calor en megakelvin
que vendrá avanzando desde el norte
la veré llegar, sentado en mi terraza
como lo hace la niebla en las mañanas de otoño
con la máscara de soldar fotosensible
y un trago de yoduro, en las rocas
para no perderme
el espectáculo.

viernes 25 de marzo de 2022
viernes oscuro, sin estrellas
¿dónde está la luna?
¿dónde se fueron los perros que le ladran a la luna?
dónde andarán Lihn, Teillier, Bertoni...
Bertoni anda por ahí, lo sé...
Dónde se fueron los trajes de otra época
los violines trasnochados
los gatos anorexicos por tal o cual amor
mariposas capturadas en resina epóxica
cristales imperfectos
y bots censurando la palabra "picoyzorraseaman"
¡dónde chucha!
Esta página no está disponible en este momento
Yankis habian de ser pa estar en todos lados
dice el indio Apolinar...
Me están hackeando
la censura si existe mi amor
me bloquearon carelibro
me banearon
soy hugo baronti bertoni
me llevan al Meta Borgoño virtual
por lo que leí

y así transcurre el tiempo
con letras desamparadas por un verano intenso
que quisiste y no quisiste vivir
pero vuelves, presintiendo el invierno
los dias oscuros que están por llegar
y las letras retoman la urgencia
y enciendes las luces
y enciendes los cigarros
- el mundo implosionando -
y sabes que esto es
my way or the highway
así de simple
así como lees
y la vida pasa
y cada vez más viejos
y cada vez más extrañados
de qué es la fucking life
y eso de why are we here
y así transcurre esto
en un loop eterno, incuestionable
¿escuchas?
es el sonido de la inevitabilidad.

Saben que más
me voy
con la música
con recuerdos seleccionados
los mejores
          "oh amor
               eres el sol que alumbra mi memoria"
me voy con guitarras
con panderetas
con las palmas activas
erguido, flamenco
          "oh amor
               eres la estrella de mi cielo"

Amor eterno

          Allah, Allah Ya Baba
          La paz sea contigo, hijo
          Allah, Allah Ya Baba
          La paz sea contigo, hija

Saben que más
me voy
con la poesía
textos sublimes
los mejores
me voy sin marketing
sin tandas de comerciales
censurado, eso sí
censurado hasta las cachas

Amor eterno
Amor eterno
Amor eterno

que me disculpen los que pensaron que esto es una volada...
no supimos mandar bien el mensaje.
que me disculpen quienes pensaron que esto es un contubernio más, de alguien más...
no fuimos tan transparentes
que me disculpen los que no fuimos capaces de convocar,
lo nuestro no es la difusión, realmente
que me disculpen quienes no fuimos capaces de convencer,
lo nuestro no es la persuasión
porque el mensaje era que ahora seremos transparentes
y que lo nuestro está inspirado en un sentimiento de amor
y cuando uno ama, se equivoca tanto...
y solo quien también ama es capaz de entender el mensaje
de fondo
y aceptarlo
y acompañar
solo puedo decir que sueño con el día que inauguremos
el año académico
cuando saludemos y reconozcamos a quienes fundaron y engrandecieron este
proyecto
que hagamos un minuto de silencio por quienes se fueron
antes de tiempo
incluyendo a quienes sufrieron la violencia económica,
al ser desvinculados forzadamente de nuestra Comunidad
de nuestra Alma Mater
solo puedo decir que me gusta la idea de doblar la mano
al destino
de hackear el sistema
que el convocante - un servidor - sea un ermitaño
que renunció a la patria,
para abrazar la matria de la cordillera pehuenche
o sea, un nadie puso la bola a correr nuevamente...
un simple arciane... sí señor...
solo puedo decir, únete a nosotres,
porque la historia sigue...

INFLUENCER

Soy un influencer de la Internet profunda.
demasiado inteligente para la televisión.

Disculpen mi ausencia.

Pero aquí estoy. Apenas distingo el teclado de este nuevo laptop,
enviado por mis amigos de la urbe
con una polilla que sigue pegada a la pantalla
que no quiero remover.

los perros durmiendo, después del trajín del día
aún tengo hambre, a pesar del plato de choclo cocido con mantequilla
tengo los pilares del galpón levantados
como en  un foro romano de aquellos tiempos

y sigo aquí
viviendo mi soledad mas sola
esperando el eclipse que no saldré a mirar
con las esculturas que me rodean por todas partes
como los cachureos de un acumulador compulsivo

soy un tesoro vivo, me dicen los que vienen a mirar
solo soy un influencer de la Internet profunda, respondo.

Disculpen mi ausencia
Soy una persona demasiado estúpida para la televisión.

Se agradecerán las indicaciones de errores.
También las críticas, incluso las destructivas.
https://web.facebook.com/baronti